中华人民共和国海船船员培训合格证考试培训教材

船舶保安意识与职责

中国海事服务中心组织编写
中华人民共和国海事局审定

大连海事大学出版社
人民交通出版社

图书在版编目(CIP)数据

船舶保安意识与职责 / 陈秋妹主编. — 大连：大连海事大学出版社；北京：人民交通出版社，2012.8(2021.8 重印)
中华人民共和国海船船员培训合格证考试培训教材
ISBN 978-7-5632-2748-8

Ⅰ. ①船… Ⅱ. ①陈… Ⅲ. ①海船-船舶安全-技术培训-教材 Ⅳ. ①U698

中国版本图书馆 CIP 数据核字(2012)第 197022 号

责任编辑：杨子江
封面设计：王　艳
版式设计：王　艳　莹　莹
责任校对：华云鹏

出 版 者：大连海事大学出版社
地址：大连市凌海路 1 号
邮编：116026
电话：0411-84728394
传真：0411-84727996
网址：press.dlmu.edu.cn
邮箱：dmupress@dlmu.edu.cn
印 刷 者：大连金华光彩色印刷有限公司
发 行 者：大连海事大学出版社

幅面尺寸：184mm×260mm
印　　张：8.5
字　　数：182 千

出版时间：2012 年 8 月第 1 版
印刷时间：2021 年 8 月第 21 次印刷
书　　号：ISBN 978-7-5632-2748-8
定　　价：55.00 元(含光盘)

编委会成员

前言

《中华人民共和国海船船员培训合格证书签发管理办法》已于2012年3月1日起生效，新的《中华人民共和国海船船员培训合格证考试大纲》也将于2012年7月1日开始实施。为了更好地指导帮助船员进行适任考试前的培训，进一步提高船员适任水平，在交通运输部海事局领导下，中国海事服务中心组织全国有丰富教学、培训经验和航海实际经验的专家共同编写了与《中华人民共和国海船船员培训合格证考试大纲》相适应的培训教材。本教材编写依据STCW公约马尼拉修正案，采用图文并茂的形式，改变了长期以来以文字为主的教材编写方式。本套教材的创新模式对今后的船员专业和特殊培训具有重要的指导意义。

本套教材知识点紧扣考试大纲，具有权威、准确、系统、实用的特点，重点突出船员在专业和特殊培训并结合航海实践中需掌握的知识，旨在培养船员具备在实践中应用知识的能力，并可作为工具书帮助船员上船工作使用。

本套教材由基本安全、救生艇筏和救助艇操作与管理、快速救助艇操作与管理、船舶高级消防、船舶精通急救、船上医护、船舶保安意识与职责、船舶保安员、油船和化学品船货物操作（基本培训适用）、油船货物操作（高级培训适用）、化学品船货物操作（高级培训适用）、液化气船货物操作（基本培训适用）、液化气船货物操作（高级培训适用）、客船操作与管理、大型船舶操纵、高速船操作与管理、船舶装载包装及散装固体危险和有害物质操作与管理组成。

本套教材在编写、出版工作中，得到了各直属海事局、航海院校、海员培训机构、航运企业以及人民交通出版社、大连海事大学出版社等单位的关心和大力支持，特致谢意。

中国海事服务中心

2012年5月

编者的话

本书根据国际海事组织(IMO)2012年1月1日正式实施的《1978年海员培训、发证和值班标准国际公约》马尼拉修正案和中华人民共和国海事局制定的中华人民共和国海船船员《保安意识培训合格证考试大纲》及《负有指定保安职责船员培训合格证考试大纲》编写。

全书共分为7章,内容包括:概述;船舶保安组织机构及职责;识别船舶保安风险与威胁;船舶保安计划的实施;船舶保安措施的实施与维持;船舶防海盗及武装劫持;船舶保安设备的操作、测试和校准。

考虑到国际航行船舶上的海员基本都是船舶保安计划中负有指定保安职责的人员,根据STCW公约马尼拉修正案的要求,他们必须同时持有《保安意识培训合格证》及《负有指定保安职责船员培训合格证》两项证书,而实践中仅需持有《保安意识培训合格证》这一证书的船员数量很少;考试大纲中《负有指定保安职责船员培训合格证考试大纲》内容完全涵盖了《保安意识培训合格证考试大纲》。

编写组明确了以《负有指定保安职责船员培训合格证考试大纲》为主线组织编写的基本原则,在教材每章或节前分别注明接受船舶"保安意识培训"与"负有指定保安职责船员培训"的人员应该掌握的内容。

本书由青岛远洋船员职业学院陈秋妹副教授主编,中国远洋运输集团(总)公司李开荣总船长主审。参加编写人员有:中远散货运输有限公司李建国总船长、青岛远洋船员职业学院副教授郭庆永船长。陈秋妹编写第一、五、六章,郭庆永编写第二、三章,李建国编写第四、七章。全书由陈秋妹统稿。本教材第二、四、五、七章引用图片均由中远散货运输有限公司提供,编写过程中得到了国家海事局船员管理部门、航海院校及航运企业的专家支持与帮助,在此表示衷心感谢。

由于编者水平有限,书中不足之处在所难免,敬请广大读者不吝指正。

编 者

2012年5月

目录

第一章 概 述

美国“9·11”恐怖事件发生后，国际海事组织(International Maritime Organization, IMO)意识到恐怖分子可能利用船舶进行恐怖活动。为加强海上保安，提高船舶及港口设施的防范能力，2002年12月IMO在伦敦召开海上保安外交大会，通过了一系列海上保安的强化措施，构成了船舶和港口设施合作探察并制止威胁海运领域保安行为的国际框架，解决了危及国际海上安全、影响国际海运便利和效益的恐怖主义、海盗与武装抢劫、海上贩毒、走私、偷渡和其他非法行为等一系列历史上难以解决的国际立法难题。这其中最具深远影响的是出台了《国际船舶和港口设施保安规则》(International Code for the Security of Ships and Port Facilities，简称ISPS规则)，通过了《1974年海上人命安全公约》修正案(以下简称SOLAS公约)。

此次对SOLAS公约的修正主要包括：提前了SOLAS公约附则第Ⅴ章中关于某些船舶强制配备船舶自动识别系统(Automatic Identification System, AIS)的时间；将附则原第Ⅺ章“加强海上安全的特别措施”重新编排为Ⅺ-1章，增加了关于“船舶识别号”(IMO Ship Identification Number)和“连续概要记录”(Continuous Synopsis Record, CSR)的要求；新增第Ⅺ-2章“加强海上保安的特别措施”，并将ISPS规则纳入该章，使其成为附属于该章的强制性单项规则。这些修正及新要求已通过默认接受程序于2004年7月1日生效，成为各缔约国必须履行的职责。

在加强海上保安的大背景下，IMO对海员应具备的海上保安知识、能力提出了新的要求，并于2006年、2010年分别对《1978年海员培训、发证和值班标准国际公约》(International Convention on Standards of Training, Certification and Watchkeeping for Seafarers, 1978，以下简称STCW公约)作了修正，新增了对所有海员与保安有关的培训和训练的强制性最低要求，以及确保海员得到处置海盗事件的适当培训。

本章介绍了SOLAS公约第Ⅺ-2章与ISPS规则的主要内容，以及STCW公约2006年、2010年修正案对海员新增船舶保安培训适任标准的强制性要求。接受船舶“保安意识培训”与“负有指定保安职责船员培训”的人员均应掌握本章全部内容。

第一节　SOLAS公约第XI-2章

要点

本节简要介绍了SOLAS公约第XI-2章的主要定义、适用范围、缔约国政府关于保安的责任、对公司和船舶的要求、公司的具体责任、船舶保安警报系统、对船舶的威胁、船长对船舶安全和保安的决定权等内容。

必备知识

SOLAS公约第XI-2章“加强海上保安的特别措施”是海上保安法律体系的核心部分，其规定了缔约国政府、公司、船舶、港口设施等各方在保安方面的责任和义务，以及监督和履行、等效措施等内容。

XI-2章共由13条组成，包括以下条款：定义、适用范围、缔约国政府的保安义务、对公司和船舶的要求、公司的具体责任、船舶保安警报系统、对船舶的威胁、船长对船舶安全和保安的决定权、控制和符合措施、对港口设施的要求、替代保安协议、等效保安安排和资料的送交。

一 定义

（一）船/港界面活动

船/港界面活动(Ship/Port Interface)，是指当船舶受到往来于船舶的人员、货物移动或港口服务提供的直接和密切影响时发生的交互活动。

（二）港口设施

港口设施(Port Facility)，是指由缔约国政府或由指定当局确定的发生船/港界面活动的场所，其中包括锚地、候泊区和进港航道等区域。

（三）船到船活动

船到船活动(Ship to Ship Activity)，是指涉及物品或人员从一船向另一船转移的任何与港口设施不相关的行为。

（四）指定当局

指定当局(Designated Authority)，是指在缔约国政府内所确定的负责从港口设施的角度确保实施本章涉及港口设施保安和船/港界面活动规定的机构或行政机关。

（五）保安事件

保安事件(Security Incident)，是指威胁船舶(包括移动式海上钻井装置和高速船)、港口设施或任何船/港界面活动或任何船到船活动保安的任何可疑行为或情况。

(六)保安等级

保安等级(Security Level),是指企图造成保安事件或发生保安事件的风险级别划分。

(七)保安声明

保安声明(Declaration of Security),是指船舶与其所从事活动的港口设施或其他船舶之间达成谅解的书面协议,规定各自将采取的保安措施。

(八)国际船舶和港口设施保安规则

ISPS规则是指《1974年国际海上人命安全公约》缔约国政府大会于2002年12月12日以决议2通过的《国际船舶和港口设施保安规则》。该规则由A部分(其规定应被视为具有强制性)和B部分(其规定应视为建议性)组成。

(九)经认可的保安组织

经认可的保安组织 (Recognized Security Organization,RSO), 是指经授权开展本章或ISPS规则A部分所要求的评估、核验、批准或发证活动的具备适当保安专长并具备适当船舶和港口操作方面知识的组织。

二 适用范围

(一)船舶

SOLAS公约第XI-2章适用于从事国际航行的客船(包括高速客船)、500总吨及以上的货船(包括高速货船、移动式海上钻井装置)。

(二)港口设施

SOLAS公约第XI-2章适用于为上述国际航行船舶服务的港口设施。对于其境内主要用于非国际航行船舶, 但仅偶尔需要为抵港或离港的从事国际航行的船舶服务的港口设施,缔约国政府应在开展港口设施保安评估的基础上,决定这些港口设施在何种程度上适用第XI-2章和ISPS规则A部分的相关章节。

(三)除外

SOLAS公约第XI-2章不适用于军舰、海军辅助船或由缔约国政府拥有或经营并仅用于政府非商业性服务的其他船舶。

三 缔约国政府关于保安的责任

(1) 主管机关应为悬挂其船旗的船舶规定保安等级并保证向其提供保安等级方面的信息。如果保安等级发生变化,保安等级信息应视情境需要予以更新。

(2) 缔约国政府应为其领土内的港口设施和进入其港口前的船舶或在其港口内的船舶规定保安等级并确保向它们提供保安等级方面的信息。当保安等级发生变化时,应视情境需要对保安等级信息予以更新。

四 对公司和船舶的要求

(1)公司与船舶均应符合本章和ISPS规则A部分的相关要求,并须考虑到ISPS规则B部分的导则。对船舶的符合情况,应按ISPS规则A部分的规定予以核验和发证。

(2)船舶应符合缔约国规定的保安等级要求,应对向更高保安等级的改变作出迅速反应。

(3)如果船舶不符合本章和ISPS规则A部分的要求,或不能符合主管机关或另一缔约国政府规定的适用该船舶的保安等级要求,则船舶应在进行任何船/港界面活动之前,或在进港之前(以先者为准)将此通知适当的主管当局。

五 公司的具体责任

公司应确保船长在船上始终有最新的信息可提供给缔约国政府正式授权的官员,以便其用以确定由谁负责指派船员或在船上受雇或工作的船员或其他人员、由谁负责决定船舶的使用以及谁是租船合同的各方。

六 船舶保安警报系统

XI-2章第6条要求船舶配备船舶保安警报系统,该系统启动后,应能向指定的主管当局传送保安警报,确定船舶身份、船位并指出该船的保安状况受到威胁或受到危害。该系统报警时,不在船上发出任何警报。

七 对船舶的威胁

XI-2章第7条要求缔约国政府应提供一个联络点,船舶可向其求助并报告所发现的保安问题。如果有关缔约国确定在其附近水域存在着对船舶的威胁,应向船舶及其主管机关通报当前的保安等级、船舶应采取的防范措施和沿岸国决定采取的保安措施。

八 船长对船舶安全和保安的决定权

XI-2章第8条明确规定船长在船舶安全和保安方面的权力。船长根据其职业判断而作出的为维护船舶安全或保安所必需的决定,应不受公司、承租人或任何其他人员的限制,包括拒绝人员（那些被确定为缔约国政府正式授权的人员除外）或其物品上船和拒绝装货,包括集装箱或其他封闭的货运单元。

如果依船长的职业判断,在船舶操作中出现适用该船的安全和保安要求发生冲突的情况,船长应满足为维护船舶安全所必需的要求,并采取临时性保安措施,同时要通知主管机关,并视情通知该船所在或准备进入港口的缔约国。本条中的任何此类临时保安措施应在最大限度上对应于当时的主导性保安等级。在发现此种情况后,主管机关应确保此类冲突得以解决,并最大限度地避免再次发生的可能性。

九 监督和符合措施

XI-2章第9条规定了对在港船舶的监督。对船舶的监督检查采用传统的港口国监督机制,授权的官员有权检查“国际船舶保安证书”是否符合规定。与传统的港口国监督机制不同的是,本条增加了把船舶驱逐出港的措施。检查官要求船舶提供的信息包括:船舶保安证书和签发机关、船舶的保安等级、以前挂靠港口的保安等级、以前挂靠港口时采取的特别的和附加的保安措施。

XI-2章第10~13条规定了对港口设施的要求、替代保安协议、等效保安安排和信息交流等。本节不予详述。

第二节 ISPS规则的主要内容

要点

本节简要概括了ISPS规则出台的背景，介绍了ISPS规则的基本结构及对缔约国政府、公司和船舶、港口设施的基本要求，详述了缔约国政府的责任及填写保安声明的情况。

必备知识

一 ISPS规则出台的背景

美国"9·11"恐怖事件这一改变世界并载入历史的标志性事件，对世界贸易及运输安全产生了重大影响，使得海陆空运输保安成为世界共同关注的问题。为应对就港口、商船和货物不断增加的恐怖威胁，确保海运安全，美国积极推动和倡导航运界采取措施进行海上反恐，先后通过了《2001年港口和海事安全法案》、《2002年海上运输反恐法案》，以强化海上保安机制；推出了《集装箱安全倡议》(CSI)、《海关及贸易伙伴反恐计划》(C-TPAT)、《提前24小时舱单申报规则》，把反恐监控重点放在了易被犯罪分子利用的海运集装箱上；强化船员和船舶保安管理，要求所有抵美商船在进港96 h前向美方提供乘客和船员的出生日期、国籍、护照和签证等详细资料，货物则需提供详细舱单。

在美国出台一系列海上反恐新规的促进下，IMO迅速作出反应，在2001年11月召开的第22届大会上通过了A.924(22)决议——"审议防止威胁乘客、船员和船舶安全的恐怖行为的措施和程序"，呼吁制定必要的措施以满足海上反恐的需要。与IMO大会同期召开的海上安全委员会(MSC)成立了海上保安会间工作组，专门负责起草有关海上保安的SOLAS公约修正案和ISPS规则。2002年12月9日~13日在伦敦召开IMO海上保安外交大会，通过了关于船舶和港口设施保安的SOLAS公约修正案和ISPS规则。

二 ISPS规则的基本结构

ISPS规则由序言、规则A、规则B三部分组成。

序言部分描述了IMO修改SOLAS公约附则及ISPS规则的出台历程，明确了SOLAS公约第Ⅺ-2章和本规则的规定适用于船舶和港口设施。强调了在实施SOLAS公约第Ⅺ-2章和本规则A部分的海上保安规定时，应考虑到本规则B部分所提供的指导。

ISPS规则A部分是强制性的要求。B部分是建议性的，为SOLAS公约修正案和ISPS规则

A部分的实施作指导,内容在编排格式上与A部分相互对应。

ISPS规则包括总则、定义、适用范围、缔约国政府的责任、保安声明、公司的责任、船舶保安、船舶保安评估、船舶保安计划、记录、公司保安员、船舶保安员、船舶保安培训演练和演习、港口设施保安、港口设施保安评估、港口设施保安计划、港口设施保安员、港口设施保安培训演练和演习、船舶的核验和发证等19条。上述条款可以概括成三个方面的主要内容,即对缔约国政府的要求、对公司和船舶的要求以及对港口设施的要求。

三 实施ISPS规则的目的和基本要求

(一)目的

(1)建立一个缔约国政府、政府部门、地方行政机关和航运业以及港口业进行合作的国际框架, 以探察保安威胁并针对影响到用于国际贸易的船舶或港口设施的保安事件采取防范措施。

(2)规定缔约国政府、政府部门、地方行政机关和航运业以及港口业各自在国内和国际层面上关于确保海上保安的作用和责任。

(3)确保及时和有效地收集和交流与保安有关的信息。

(4)提供一套用于保安评估的方法,以具备对保安等级的变化作出反应的计划和程序。

(5)确保对具备充分和恰当的海上保安措施抱有信心。

(二)基本要求

1. 对缔约国政府的基本要求

SOLAS公约缔约国政府的义务包括批准船舶保安计划及其后的修订; 审核船舶是否符合SOLAS公约第Ⅺ-2章和ISPS规则A部分的规定,并向船舶签发《国际船舶保安证书》;为船舶规定保安等级并向船舶通报有关保安信息;规定船舶何时应要求签署保安声明;向国际海事组织通报公约和规则要求的保安信息。

2. 对公司和船舶的基本要求

船公司应为公司指定一名或数名公司保安员,并为每艘船舶指定一名船舶保安员。公司保安员的职责是确保船舶开展保安评估、制订船舶保安计划,船舶保安员主要负责船舶日常营运的保安工作。适用ISPS规则的所有船舶均需配备经主管机关或其认可机构批准的船舶保安计划,并根据该计划操作。ISPS规则规定船舶须持有《国际船舶保安证书》,还规定了公司保安员、船舶保安员以及其他负有保安职责的船上和岸上人员的知识培训、演练和演习的要求。

3. 对港口设施的基本要求

缔约国政府应确保按照ISPS规则A部分的要求,开展港口设施保安评估,制订、评审、批准并实施港口设施保安计划。作为缔约国政府,应指定并通报港口设施保安计划所应涉及的各保安等级的对应措施,包括在何时要求提交保安声明。

四 ISPS规则的基本定义及适用范围

(一)基本定义

(1)船舶保安计划。船舶保安计划(Ship Security Plan,SSP),是指为确保在船上采取旨在保护船上人员、货物、货物运输单元、船舶物料以及船舶免受保安事件威胁的措施而制订的计划。

(2)港口设施保安计划。港口设施保安计划(Port Facility Security Plan,PFSP),是指为确保采取旨在保护港口设施和港口设施内的船舶、人员、货物、货物运输单元和船上物料免受保安事件威胁的措施而制订的计划。

(3)船舶保安员。船舶保安员(Ship Security Officer,SSO),是指由公司指定的在船上负责船舶保安并对船长负责的人,其责任包括实施和维护船舶保安计划以及与公司保安员和港口设施保安员进行联络。

(4)公司保安员。公司保安员(Company Security Officer,CSO),是指由公司指定负责确保船舶保安评估得以开展,船舶保安计划得以制订、提交批准,而后得以实施和维持,并与港口设施保安员和船舶保安员进行联络的人。

(5)港口设施保安员。港口设施保安员(Port Facility Security Officer,PFSO),是指被指定负责制订、实施、修订和维持港口设施保安计划以及与船舶保安员和公司保安员进行联络的人员。

(二)适用范围

ISPS规则的适用范围与SOLAS公约第Ⅺ-2章的规定相同。同时指出:ISPS规则A部分的第5至13节和第19节适用于第Ⅺ-2/4条所规定的船舶和公司,第5节和第14节至18节适用于第Ⅺ-2/10条所规定的港口设施。

五 缔约国政府的责任

(一)规定保安等级

缔约国政府应为悬挂其国旗的船舶、在其领域的港口设施及在其管辖海域的船舶规定保安等级,并为防止发生保安事件提供指导。在规定适当的保安等级时应考虑的因素包括:威胁信息的可信程度、威胁信息得以佐证的程度、威胁信息的具体或紧迫程度、该保安事件的潜在后果。

(二)确定指定当局

缔约国政府可在政府范围内确定一个指定当局,以履行SOLAS公约第Ⅺ-2章和ISPS规则A部分规定的有关港口设施的保安职责。

(三)指定经认可的保安组织

1. 缔约国政府可授权经认可的保安组织承担以下有关保安的活动

(1)代表主管机关批准船舶保安计划或其修订。

(2)代表主管机关对符合SOLAS公约第Ⅺ-2章和ISPS规则A部分要求的船舶进行核验、发证。

(3)按缔约国政府要求进行港口设施保安评估。

经认可的保安组织可就保安事宜对与公司或港口设施有关的船舶保安评估、船舶保安计划、港口设施保安评估和港口设施保安计划提供建议或帮助,可包括制订船舶保安评估或计划,或港口设施保安评估或计划。

2. 缔约国政府不得授权给经认可的保安组织的职责和活动

(1)规定适用的保安等级。

(2)批准港口设施保安评估和已批准评估的后续修订内容。

(3)确定须指定港口设施保安员的港口设施。

(4)批准港口设施保安计划和已批准计划的后续修订内容。

(5)依照第XI-2/9条采取控制和符合措施。

(6)规定关于保安声明的要求。

(四)测试船舶保安计划

缔约国政府将对他们批准的或代表他们批准的"船舶保安计划",或该计划修订的效果进行测试,直至他们认为适当为止。

(五)建立联络点

缔约国政府应考虑设立中央或地区联络点、或采取其他方法提供有关已落实的港口设施保安计划最新的地点资料以及与港口设施保安员联络的细节。缔约国应公布这些联络点。

(六)建立有效的身份证件核实程序

缔约国政府应向有权登船或进入港口设施履行其官方职责的政府官员签发相应的身份证件,并建立可能对这些证件的真实性进行核实的程序。

六 保安声明

根据ISPS规则A部分规定, 缔约国政府应通过评估船/港界面活动或船到船活动对人员、财产或环境造成的危险,确定何时要求提交保安声明。

(一)船舶在下列情况下可要求签署保安声明

(1)该船运营所处的保安等级高于其所从事界面活动的港口设施或另一船舶的保安等级时。

(2)在缔约国政府之间有涉及某些国际航线或这些航线上的具体船舶的关于保安声明的协议。

(3)曾经有过涉及该船或涉及该港口设施的保安威胁或保安事件,如果相关。

(4)该船位于一个不要求具有和实施经批准的港口设施保安计划的港口。

(5)该船与另一艘不要求具有和实施经批准的船舶保安计划的船舶进行船到船活动。

如果收到填写"保安声明"的请求,有关港口设施或船舶应予以确认。船长或船舶保安员代表船舶签署保安声明;港口设施保安员或缔约国政府决定的负责岸上保安的机构代表港口设施签署保安声明。

(二)保安声明的内容与保存

(1)保安声明应提出港口设施和船舶之间或船舶与船舶之间可以共用的保安措施,并说明各自的责任。

(2)缔约国政府应确定其领土内港口设施保存保安声明的最低期限;主管机关应确定悬挂其国旗的船舶保存保安声明的最低期限。

ISPS规则有关船舶保安等级及要求、船舶保安计划、船舶保安设备及船舶保安措施的内容分别见本教材第四、第五、第七章,本节不予详述。

第三节 STCW公约海上保安三项适任标准

要点

本节简要介绍了STCW公约2006修正案对船舶保安员的强制性最低要求，详述了STCW公约2010年修正案对海员新增船舶保安培训的三项适任标准和两个持证要求。

必备知识

一 STCW公约2006修正案对船舶保安员的强制性最低要求

2006年5月18日，IMO海上安全委员会（MSC）召开第81届会议，分别以MSC.203（81）、MSC.209（81）号决议通过了STCW公约和规则2006年修正案。两项决议分别在STCW公约中增加了第VI/5条“为船舶保安员签发专业证书的强制性最低要求”，在STCW规则中增加了A-VI/5节“签发船舶保安员专业证书的强制性最低要求”，并规定了签发船舶保安员专业证书的最低适任标准。上述修正案已于2008年1月1日生效。

二 STCW公约2010修正案对有关海员保安适任标准的新规定

2010年6月21日至25日，IMO在马尼拉召开了《1978年海员培训、发证和值班标准国际公约》缔约国外交大会，通过了STCW公约和STCW规则2010年修正案（被命名为“STCW公约和规则马尼拉修正案”，以下简称：马尼拉修正案），该修正案已于2012年1月1日生效，过渡期为5年。马尼拉修正案有关海员保安适任标准的新规定包括以下两方面：

（一）确保船舶保安员得到处置海盗事件的适当培训的新规定

马尼拉修正案取消了STCW规则第A-VI/5节有关签发船舶保安员培训合格证书的过渡性规定，在表A-VI/5船舶保安员最低适任标准中特别强调并增加了船舶保安员应熟练理解有关公约、规则及IMO通函中有关防海盗及武装劫持要求的培训、演习和演练的知识以及发生海盗及武装劫持事件时可以使用的设备和系统等。

（二）新增海员保安培训的三项适任标准和两个持证要求

马尼拉修正案新增第VI/6条、第A-VI/6节，确定了“对所有海员与保安有关的培训和训练的强制性最低要求”，并把除船舶保安员外的、受聘于船舶担任船上任何职务的海员分为承担指定保安职责的海员和无指定保安职责的海员两类。第A-VI/6节（参见附录一）就海员保安培训规定了三项适任标准和两个新的持证要求。三项适任标准分别是针对“与保安有关的熟悉培训”、“保安意识培训”及“承担指定保安职责海员的培训”做出的。两个新的持证要求分别是:所有船员必须持有“保安意识培训合格证书”;承担指定保安职责的海员应持有“负有指定保安职责船员培训合格证书”。

1. 与保安有关的熟悉培训的适任标准

在按要求应遵守ISPS规则的海船上,除旅客外,所有受雇或受聘人员,在被指派船上职责之前应接受认可的与保安有关的熟悉培训,并考虑STCW公约B部分给予的指导,以便能够:报告保安事件,包括海盗或武装抢劫的威胁或袭击;当确认存在保安威胁时,了解应遵循的程序,并参加与保安有关的应急和紧急程序。

受聘或受雇于海船上承担指定保安职责的海员,在被指派该职责之前,应接受与其职责和责任相关的保安熟悉培训,并考虑STCW公约B部分给予的指导。

与保安有关的熟悉培训应由船舶保安员或具有同等资格的人员实施。

2. 保安意识培训的适任标准

受雇或受聘于应遵守ISPS规则规定的船舶担任船上任何职务的海员,在船舶营运中作为无指定保安职责的在编人员,在其任职之前应:接受适当的认可的STCW公约表A-VI/6-1规定的保安意识培训或训练;提供已经达到按STCW公约表A-VI/6-1第1栏列出所承担的任务、职责和责任所要求的适任标准的证据。

STCW公约B-VI/6节规定,海员和船上人员不是保安专家,STCW公约与其规则规定的目的不在于使其成为保安专家。海员和船上人员应接受足够的与保安相关的培训或训练和熟悉培训,以使其获得履行其指派职责和有助于共同增强海上保安所要求的知识和理解。没有指定保安职责的海员,在其职业生涯中应至少完成一次第A-VI/6节规定的保安意识培训或训练。如果有关的海员或船上人员满足了规则第VI/6条规定的与保安有关的熟悉要求,并参加了ISPS规则要求的演习和练习,则没有必要对这项培训进行更新或再有效。

3. 承担指定保安职责的海员的适任标准

承担指定保安职责的海员,是指根据STCW公约第A-VI/6节中的“承担指定保安职责”的表述,在船舶保安计划中负有特定保安职责和责任的人员。

每个被指定履行包括防海盗和防武装抢劫相关活动的保安职责的海员应表明承担STCW公约表A-VI/6-2第1栏所列的任务、职责和责任的适任能力。表A-VI/6-2第2栏所列明的科目的知识水平应足以使每个证书申请人能够履行船上指定的保安职责,包括防海盗和防武装抢劫相关的活动。每个证书申请人应依据下列各项提供已经达到所要求的适任标准的证据:按表A-VI/6-2第3栏和第4栏所列明的表明适任的方法和评估适任的标准,表明具有执行该表第1栏所列出的任务、职责和责任的适任能力;并且考试或连续的评估,作为认可的培训项目的组成部分,以替代表A-VI/6-2第2栏要求规定的内容。

STCW公约B-VI/6节(参见附录二)规定,负有指定保安职责的海员,在其职业生涯中,应至少完成一次第A-VI/6节中规定的培训。如果有关的海员或船上人员满足了规则第VI/6条规定的与保安有关的熟悉要求,并参加了ISPS规则要求的演习和演练,则没有必要对这项培训进行更新或再有效。

综上所述,STCW公约马尼拉修正案规定了与船舶保安有关的四种培训及三个持证要求。四种培训分别是:熟悉保安培训、保安意识培训、负有指定保安职责人员的培训及船舶保安员培训。三个持证要求是:所有船员必须持有“保安意识培训合格证书”;承担指定保安职责的海员应持有“负有指定保安职责船员培训合格证书”;被指定为船舶保安员的海员必须持有“船舶保安员培训合格证书”。对船员被指派船上职责之前应接受认可与保安有关的熟悉保安培训,不需要发证,但必须有记录。

第二章 船舶保安组织机构及职责

本章简要概述了船舶保安体系的结构及功能，详述了公司保安员、船舶保安员、负有指定保安职责船员与无保安职责船员的基本职责。

对仅接受船舶“保安意识培训”的人员，只要求其掌握本章第二节的全部内容；对接受“负有指定保安职责船员培训”的人员，要求其掌握本章全部内容。

第一节 船舶保安体系概述

要点

本节阐述了建立船舶保安体系的目的以及船舶保安体系应当包含的内容结构，并提出了船舶保安体系应当达到的功能要求。

必备知识

船舶保安体系是指为避免或最大限度地减少保安事件造成的损失，航运公司所建立的、符合ISPS规则的文件化管理制度。该体系以文件的形式明确公司在船舶保安方面的目标、组织结构、管理程序以及应急措施等，以明确各相关人员的职责，指导可能发生的船舶保安事件预防工作。

主管机关或其认可的保安组织(RSO)通过检查船上实施的保安程序、文件和有关记录来检验船舶保安体系是否符合ISPS规则，通过检验的船舶将被授予“国际船舶保安证书”(International Ship Security Certificate，ISSC)。

一 船舶保安体系的结构

船舶保安体系应包括以下部分：

(1)方针与目标。

(2)组织结构及相应人员的职责。

(3)相关程序类文件。

(4)保安评估。

(5)保安计划和具体保安措施。

(6)保安操作与应急措施。

(7)人力资源与设备。

(8)保安培训与演练。

(9)审核、发证与监督等。

为了便于实施和保持船舶保安体系，可以考虑将其纳入船舶安全管理体系中。

二 船舶保安体系的功能

一个完善而有效的船舶保安体系应具备以下功能：

(1)符合SOLAS公约和ISPS规则的要求。

(2)有明确的船舶保安方针和目标，并有保证其实现的措施。

(3)明确保安组织结构及相应人员的职责。

(4)合理的针对保安威胁的收集、风险评估方法。

(5)完善的船舶保安计划。

(6)明确的保安培训、演练和报告程序。

(7)通过有效的内部管理、评审，能自我更新完善。

第二节　船舶保安组织及职责

要点

本节介绍了通常的船舶保安组织机构的组成，并依据ISPS规则叙述了组织机构中关键成员及船上其他各类人员的保安职责。

必备知识

一 船舶保安组织

船舶保安组织为履行保安体系、领导并组织实施保安计划的机构，广义的船舶保安组织包括公司保安组织。其组织机构图如图2-1、图2-2所示。

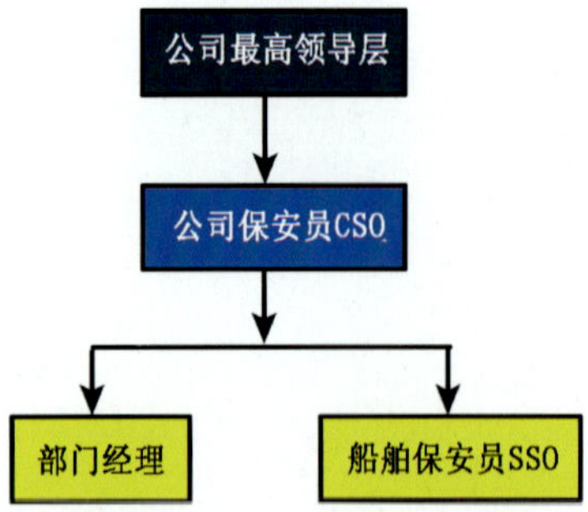

图2-1 公司保安组织结构图

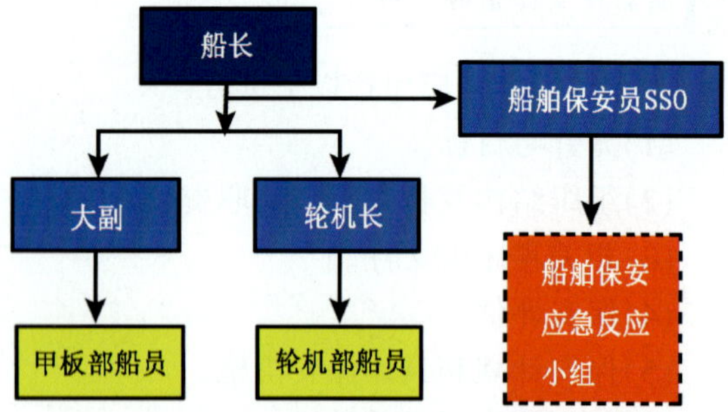

图2-2 船舶保安组织结构图

通常公司保安员负责监督指定船舶的船舶保安计划实施和保持情况，但船长根据其职业判断而做出的或执行的为维护船舶安全或保安所需的决定不受公司、承租人或任何其他人员的限制。

二 公司保安员的基本职责

公司应根据所经营管理的船舶数量和类型任命一名或数名公司保安员，并须明确每名公司保安员所负责的船舶。公司保安员应履行ISPS规则规定的职责和责任，包括但不限于以下内容：

(1)对船舶可能遇到威胁的等级提出建议。

(2)确保船舶保安评估得以开展。

(3)确保船舶保安计划按照ISPS规则的要求制订，并在批准后加以实施和保管。

(4)确保对船舶保安计划进行适当修改，以纠正缺陷、更新、完善，并符合船舶的保安要求。

(5)安排保安活动的内部审核和评审。

(6)安排由主管机关或经认可的保安组织对船舶进行初次审核，以及ISPS规则符合性的后续各类审核。

(7)确保对各类审核、检验中所确定的缺陷和不符合项进行迅速处理和解决。

(8)加强全体公司和船上人员的保安意识和警惕性。

(9)确保负责船舶保安的人员受到合适的培训。

(10)确保船舶保安员和有关港口设施保安员之间的有效沟通与合作。

(11)确保保安要求和安全要求的一致性。

(12)若采用了姊妹船或船队的保安计划，确保每艘船的计划均准确反映该船具体信息。

(13)确保为某一特定船舶或某一组船舶批准的任何替代或等效安排得以实施和保持。

三 船舶保安员的基本职责

公司应在每艘船舶上任命一名船舶保安员，该保安员可以专职，也可以兼职。船舶保安员必须熟悉涉及船舶保安方面的所有知识并接受相应的培训。船舶保安员应履行ISPS规则以及船舶保安计划规定的职责和责任,包括但不限于以下内容(参见图2-3):

图2-3 船舶保安员的职责

(1)熟悉并执行公司的保安方针。

(2)熟悉船舶保安计划并组织、监督其实施。

(3)保管船舶保安计划并在必要时提出修改建议。

(4)定期对船舶进行保安检查,确保适当的保安措施得以保持。

(5)与船上其他人员以及相关港口设施保安员协调货物和船舶备品装卸中的保安事项。

(6)向公司保安员报告在各类审核、检验中所确定的缺陷和不符合项,并进行相应的纠正。

(7)加强船上人员的保安意识和警惕性。

(8)确保为船上人员提供合适的保安培训。

(9)报告保安事件。

(10)与公司保安员和相关港口设施保安员协调实施船舶保安计划。

(11)确保正确操作、测试、校准和保养保安设备。

(12)需要时,代表船舶签署或提交保安声明。

四 负有指定保安职责海员的基本职责

负有指定保安职责的海员是指依据船舶保安计划, 被指定负有明确的保安职责和责任的海员。根据STCW公约与规则以及其他相关公约的规定,负有指定保安职责的海员具有以下职责和责任(参见图2-4):

(1)熟悉船舶在保安方面的规定和要求。

(2)熟悉本船保安应急计划，明确保安事件发生时的反应程序。

(3)熟悉本船保安应变部署，明确自己在不同保安应急时的职责。

(4)了解规避保安措施的技术。

(5)识别潜在保安风险和威胁。

(6)有效履行职责，协助保持SSP所设定的状态。

(7)定期对船舶进行保安检查。

(8)正确维护、测试、校准和操作保安设备与系统。

图2-4 负有指定保安职责人员

五 无指定保安职责海员的基本职责

无指定保安职责的海员是指除负有指定保安职责的海员外，所有受雇或从事按要求需遵守ISPS规则的海船上工作、担任任何职务的海员。在特别必要的情况下，主管机关可以允许无指定保安职责但了解船舶保安计划的海员，在抵达下一停靠港前或不超过30天（取较长者）的时间内，履行指定的保安职责。根据STCW公约与规则以及其他相关公约的规定，无指定保安职责的海员应具有以下职责和责任：

(1)了解船舶在保安方面的规定和要求。

(2)学习保安知识并接受培训，增强保安意识。

(3)保持足够的警惕性。

(4)协助实施船舶保安计划。

(5)在确认存在保安威胁或发生保安事件时，按规定报告并遵循规定的程序。

(6)经允许，承担指定的保安职责。

【常见违规现象】

(1)SSO的保安专业英语不熟练。

(2)部门保安员对自己的职责不清楚。

第三章 识别船舶保安风险与威胁

本章介绍了规避保安措施的技术、典型船舶保安威胁的类型及识别武器、危险物质和装置的方式，详述了在密集人群管理方面对船员的能力要求，分析了船舶常见敏感保安信息以及这些敏感信息的处理，阐述了船舶保安通信方式方法以及可用设备。

对仅接受船舶“保安意识培训”的人员，要求其掌握本章第一、第二、第五节中必备知识的内容；对接受“负有指定保安职责船员培训”的人员，要求其掌握本章全部内容。

第一节 规避保安措施的技术

要点

本节阐述了常见船舶保安威胁中，犯罪分子规避保安检查、监控的方法或技术。

必备知识

一 危险物品的传递交付

（一）枪支的传递与携带

为避开检测，犯罪分子常将枪支武器拆解成零部件后分批携带、传递和交付，如图3-1所示。这将大大增加监测的难度，常规的X射线检查有时也很难发现，尤其是部分微型枪支，如“掌心雷”手枪，有的手枪还可能被改装成手机（参见图3-2）或钢笔形状，方便携带又难以发现。在检查随身携带行李时需特别谨慎。

图3-1 枪支拆解

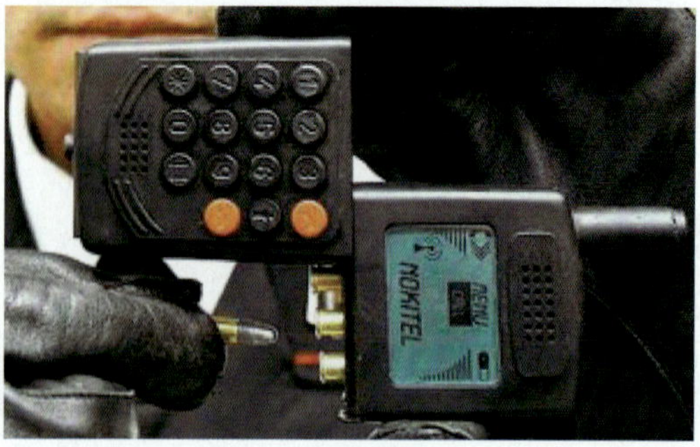

图3-2 异形枪械

(二)爆炸物

爆炸物可以是塑料炸弹或其他自制爆炸物,如图3-3所示。爆炸物可能被隐藏在伪装袋、箱子底部或其他部位(图3-4)以逃避检查。带有电脑分析功能的先进X射线扫描仪能比较容易地检测出此类隐藏爆炸物,但如使用老式X射线扫描仪,将更多地依靠操作者的技能,操作者需经过专门培训并具有丰富的经验。

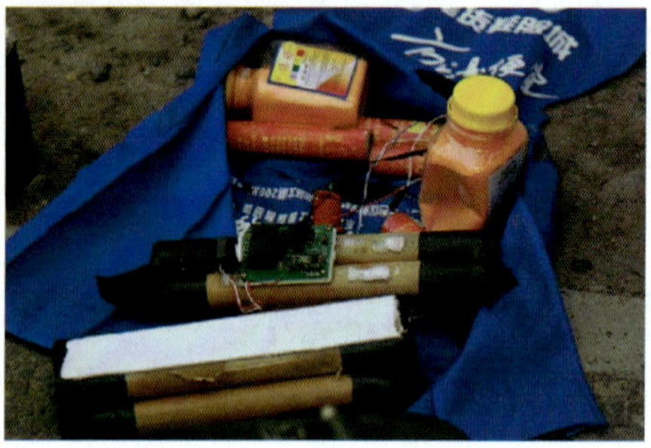

图3-3 自制爆炸物

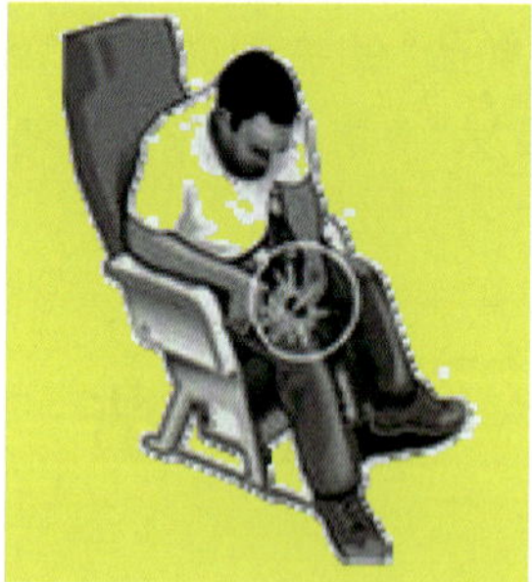

图3-4 将爆炸物藏于裤裆

检查此类危险物时,首先要通过箱子的外观和重量差异进行初步判断,必要时要打开箱子仔细检查,并应注意箱子是否带有夹层。如果使用爆炸物探测仪进行探测将能达到更好的效果,如图3-5所示。

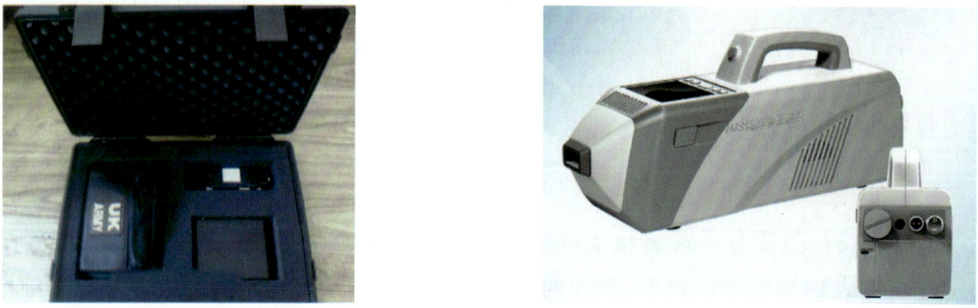

图3-5 爆炸物探测仪

(三)刀具

犯罪分子通常将刀具改装或隐藏携带,或藏于其他物体中。有案例表明,为了隐蔽,将刀具拆开成刀片和刀柄分别携带。此时应使用X射线扫描仪和金属探测器进行检测(参见图3-6~3-8)。

图3-6 刀具

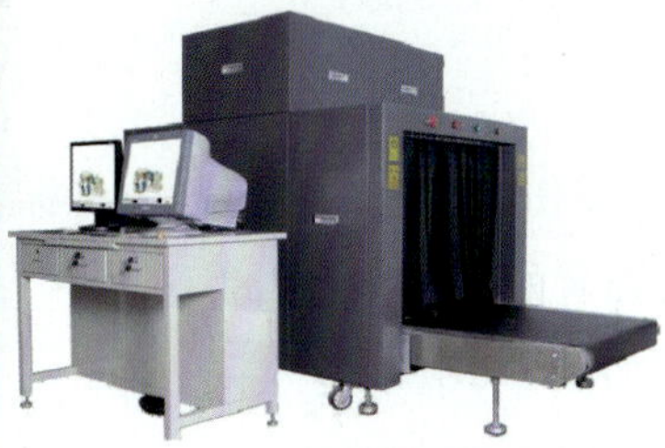

图3-7 X射线扫描仪

图3-8 金属探测器

二 未经授权登船

(一)常用通道侵入

此类非法登船多发生在船舶在港靠泊或锚泊期间,并且以夜间最为常见。侵入者可能自缆绳、锚链等处爬上船,还有可能在船尾处抛投带钩绳索,然后借助绳索爬上船。武装海盗可能在武器掩护下强行登船,如图3-9所示。

图3-9 非法侵入

预防此类非法登船的有效措施为,夜间保证充足的照明,并配以足够的值班人员,保持多人次、无规律巡逻。必要时可部署入侵检测系统或值班警报系统。对于武装海盗则须制定更加详细、周全的防范预案。

(二)伪造身份证明文件

侵入者可能伪造身份证明文件,假冒船员或旅客等登船从事非法活动。为防止伪造,这类证件有必要采用数据条形码或水印的形式,单纯地使用加塑料外套的方式预防是不够的。同时在进行登船检查时,应仔细核对,查看各类证明文件,以便发现破绽。

(三)冒充官员

在很多国家,军人或警察等制服很容易买到或制作。犯罪分子可能身穿制服冒充官员上船。因此,船方特别是舷梯口值班人员不能仅凭身穿制服就相信其为正式官员,还需要检查其身份证件，必要时需报告船长或向代理询问了解。

扩展知识

一 自杀式袭击

自杀式袭击是指袭击者在伤害自己的同时伤害目标者。自杀式袭击曾被当做在武力不平衡的情况下，弱者对抗强者的不对称打击手段之一。但在近些年，多次被恐怖分子作为进行恐怖活动的方式，如图3-10所示。

图3-10 自杀式袭击

自杀式袭击可分为秘密方式和公开方式两种。无论哪种方式，袭击者通常都有坚定的意愿并不给自己留后路，因此很难防范。自杀式袭击的破坏力很大，据估计3 kg高能炸药足以完全摧毁一辆汽车，假如在舷梯附近进行自杀式爆炸，将对周围人员和建筑物构成严重威胁。

二 水下攻击

水下攻击通常采用特定的军事设备进行，如利用微型潜艇发射导弹或直接撞击目标，如图3-11所示。也可能由人员潜水在船底板上植入爆炸物，然后引爆。尽管水下攻击发生的概率很低，因为此类攻击需要经受专门培训并具备船舶构造和设备方面的知识，但为防范恐怖分子，依然不能过早地完全排除其发生的可能性。

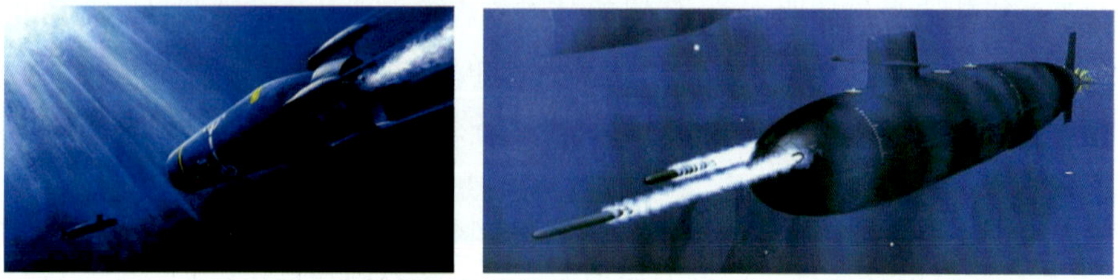

图3-11 水下攻击

第二节 识别潜在保安威胁

要点

本节列举了当前典型的船舶保安威胁类型，并分类说明了常见保安威胁的主要特征。

必备知识

对船舶潜在的保安威胁进行识别时，应考虑本船营运环境下的政治、经济因素以及当时社会恐慌等可能造成的船舶潜在的保安威胁。

一 典型的船舶保安威胁

(一)闯入船舶后

(1)对船上人员或目标进行自杀性攻击。

(2)控制船舶并利用船舶攻击其他目标。

(3)劫持船舶、人质，达到威胁、要挟目的。

(4)杀害船员、旅客，制造恐怖事件。

(5)制造污染或释放有毒害物质、污染物。

(6)制造爆炸、纵火，破坏或摧毁船舶。

(7)通过蓄意操作、行动破坏或摧毁船只。

(8)破坏船舶主要功能(例如推进装置、操舵和动力装置)。

(9)盗劫船舶设备、财产，包括伤害人员等。

(二)从外部攻击船舶

(1)从水上、水下或码头接近船舶，安放爆炸物。

(2)利用其他船舶或码头设备(如吊车或码头运载工具)撞击船舶。

(3)从远处向船舶发射或射击炮弹、榴弹、导弹。

(4)利用潜水装置接近船舶，破坏船体、舵、螺旋桨等水下装置，使船沉没或不能移动等。

(三)海盗行为

(1)劫持船舶、货物。

(2)杀害船员、旅客等。

(四)使用船舶非法运送物品和人员

(1)运送武器或武装人员。

(2)运送毒品、毒资。

(3)运送偷渡人员。

(4)非法运输制作武器或毒品的材料等。

二 各类保安威胁的特征

上述典型船舶保安威胁按其各自的特点可进一步归类为海盗和武装抢劫、武器走私、偷渡以及恐怖主义行为。海盗和武装抢劫的内容见本书第六章。

(一)武器走私

武器走私是一种非常严重的犯罪行为。可能被走私的武器种类繁多，主要包括手榴弹、枪支及零部件、飞机、坦克和导弹，甚至包括核弹头等。武器走私可有以下方式：

(1)以人道主义救援为名走私武器。

(2)以客货运输做掩护用船舶走私。

(3)利用集装箱走私。

(4)将武器拆解后打包邮寄零部件。

(5)原木挖洞，鱼腹窝藏。

(6)利用出口雕塑或巨大的石制品进行武器走私。

(二)偷渡行为

1. 偷渡的主要原因

(1)部分发展中国家因经济发展水平低、生活条件差、就业压力大等原因，致使某些人想偷渡到国外谋生。

(2)一些移民国家的移民政策存在漏洞，接受“难民”的申请，容留偷渡人员或给予居留权，客观上等于鼓励偷渡活动。

(3)组织偷渡获利颇丰，案发量刑偏轻，风险较小，使偷渡集团甘冒风险。

2. 偷渡的主要特点

(1)偷渡人员具有明显的区域性。

(2)藏匿于集装箱内偷渡是惯用的方法。

(3)组织偷渡的集团一般在国内有组织者、运送者，国外有接应人员。

(4)通过制作假护照等证件，组织偷渡人员从口岸偷渡出境。

(5)偷渡人员多数来自于经济落后的国家。

(三)恐怖主义行为

恐怖主义行为是指以无辜者为目标,用非正常的暴力手段或以暴力相威胁,伤害其自由和生命,造成恐怖效果,以达到某种政治或社会要求的行为。

1. 恐怖主义行为的特点

(1)恐怖主义行为通常具有政治目的。

(2)恐怖主义多采用非正常的暴力手段。

(3)袭击对象以无辜者为目标。

(4)新型恐怖主义行为具有国际性、灵活机动、手段先进、高智能化、隐蔽性强及背景复杂等特点。

2. 恐怖主义行为的分类

按恐怖主义行为的性质划分,主要包括政府行为的恐怖主义和非政府行为的恐怖主义。后者的表现形式更为复杂,其又包括以下几种:

(1)以民族、种族、宗教为背景的恐怖主义。

(2)黑社会、黑手党、国际贩毒集团搞的恐怖主义。

(3)邪教性质的恐怖主义。

3. 恐怖分子的识别

识别恐怖分子没有一个固定而明确的方法。恐怖分子通常都故意隐藏于普通人中,因此看起来可能与普通人没什么两样。下列特点可在识别恐怖分子时作为一定参考:

(1)单独行动的人或一群同性别的人。

(2)任何时候面部表情都很平静。

(3)激进的年轻男性(也可能有女性)。

(4)令人怀疑、飘忽不定的眼神。

4. 联合国安理会的行动

联合国安理会第1373号决议(2001)呼吁所有国家,以一切手段打击恐怖主义行为对国际和平与安全造成的威胁,找出办法加紧、加速交流行动情报,尤其是下列情报:

(1)恐怖主义分子或网络的行动或移动。

(2)伪造或变造的旅行证件。

(3)贩运军火、爆炸物或敏感材料。

(4)恐怖主义集团使用通信技术。

(5)恐怖主义集团拥有大规模杀伤性武器所造成的威胁。

第三节　识别武器、危险物质和装置

要点

本节阐述了威胁船舶保安的常见武器、危险物质和装置，并分析了识别上述危险物品的原则和常用方法。

必备知识

一　武器、危险物质和装置的分类或构成

武器、危险物质和装置的种类繁多，这些物质或装置通常都能够引起重大人身伤亡或造成财产重大损失或毁灭，对船舶和人员安全构成严重威胁。可能被用于攻击船舶的武器、危险物质和装置包括以下类别：

（一）武器

按武器的用途可划分为轻武器、导弹、火炮、军用飞机、坦克与装甲车、舰船、警用武器、生化武器及核武器等。

（二）危险物质

危险物质主要是指具有爆炸性、燃烧性、腐蚀性、放射性、窒息性等性能的物质，此类物质通常具有作用快、威力大、破坏性强等特点。它们通常是人类社会生产、科学实验不可缺少的物质，但若被非法使用将造成难以估量的后果。

（三）爆炸装置

爆炸装置通常是指以爆炸为目的而临时制作或组成的具有一定结构的复合体，一般由包装物、炸药和起爆系统三部分组成。按用途可分为军用型和民用型两大类。

除上述类别外，恐怖分子在进行自杀式攻击时，飞机或船舶本身等也可能被用做实施攻击的武器。

二　危险物品和装置的识别

识别危险物品或装置的前提是及时发现可疑物品，工作中应经常进行巡查，通过核对相关单证等方式确定可疑物品，进而对可疑物品进行辨识，确定是否属于危险物品或装置，特别是是否存有爆炸物或爆炸装置。

(一)一般原则

船上发现可疑物品或装置时,船舶应遵循以下原则:

(1)不要移动、触摸、摆弄或采用任何方法干扰。

(2)不要向可疑物标泼水或抛投任何其他物品。

(3)使用垫子和/或沙袋,以减少气流影响,但不要遮盖可疑物品。

(4)不要在可疑物品附近使用无线电装置。

(5)避免在可疑物品附近发出声热振荡或颤动。

(6)考虑关闭经挑选的防火门以减少气流影响。

(7)通知船公司并向主管当局报告。

(8)若在海上航行,应迅速驶向附近的港口。

(二)识别程序

在识别可疑物品时,应遵循以下程序:

(1)先观察,后询问,再动手。

(2)先使用探测仪,后利用人工方法。

(3)先外表检查,后内部探测。

(4)先远距离探测,后近距离辨认。

(三)识别可疑物标常用方法

1. 现场观察法

通过视、听、嗅等方式对可疑物品或装置进行外观检查,该方法最简易使用也最广泛。特别是当船舶航行在海上时,现场观察法是船舶识别危险物品和装置的主要方法,如图3-12所示。

图3-12 现场观察法

(1)视。通常由表及里、由近及远、由上到下进行无遗漏的外表观察,检查可疑物品或装置有无包装、标记,包装、标记是否正规、完整且清晰可见,识别、判断有无隐藏爆炸装置。

(2)听。在寂静的环境中仔细聆听有无异常声音。

(3)嗅。判断可疑物品或装置是否有异常气味。如黑火药通常含有硫黄,会释放臭鸡蛋(硫化氢)的味道;自制硝铵炸药会分解出明显的氨水味等。

2. 仪器探测法

指利用专门的探测设备，在一定范围内或针对特定的目标，对可疑物品和装置或其内部结构实施检测辨识。常见的探测设备有蒸汽捕获炸药探测器、中子炸药探测器、定时炸弹探测器等（参见图3-13）。由于只有极少数船舶才配有此类专业探测器，因此由船舶自身实施此种方法检测可疑物品和装置有较大难度。当船舶在港停泊时则可及时求助于岸基专业机构。

图3-13 爆炸物探测器

3. 生物探测法

即利用经专业训练的警犬、鼠类等敏感的嗅觉发现隐藏的炸药，并结合专业知识对可疑物品或装置进行辨识的方法（参见图3-14）。

图3-14 生物探测法

扩展知识

排爆工作一般由专业排爆人员完成，经常采用的排爆器材和装置包括排爆服和排爆机器人。

一 排爆服

排爆服是能够防护爆炸后产生的超压、碎片、冲击波，对排爆人员进行全方位保护的特殊服饰，如图3-15所示。排爆服通常由防静电、阻燃的面料制成，具有良好的隔音效果和排风调节装置，排爆头盔上通常设有先进的通信装置。

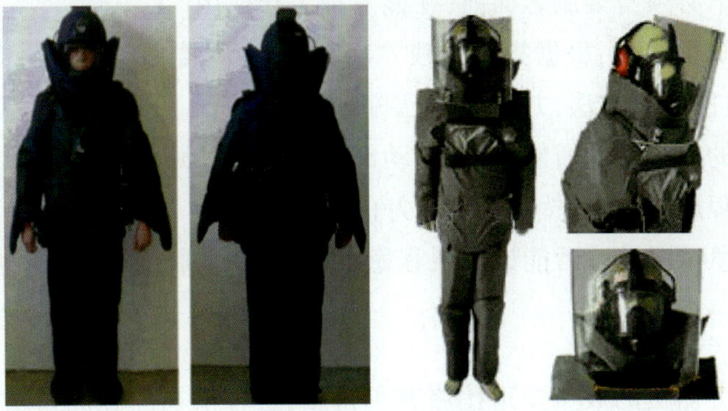

图3-15 排爆服

二 排爆机器人

排爆机器人通常是履带式四轮遥控驱动车，全身覆盖防爆钢板，由机械抓取臂、控制柜及监视器等系列附件组成，操作者可通过专用遥控箱操控，使它爬楼梯、过地壕，克服复杂地形。排爆机器人身上通常装有频谱干扰仪，能够干扰犯罪分子利用无线电引爆炸弹；机械抓取臂上装有水炮，能远距离摧毁爆炸物。

第四节 密集人群管理和控制技术

必备知识

本节阐述了公约在密集人群管理方面对船员的能力要求，并分析了密集人群管理控制实践中的技术和行为控制。

必备知识

一 能力要求

根据STCW公约，为确保紧急情况下能够掌控并有效疏散旅客，所有服务于滚装船或客船的船员及其他具有协助旅客职责的服务人员均应接受人群管理培训，并通过培训使具有相应职责的人员具备但不限于以下能力和职责：

(1)紧急情况提供相关信息。

(2)发布并确认清晰的指示或命令。

(3)能熟练说明船舶应变部署、警报以及各安全出口。

(4)根据旅客不同反应给予恰当回应。

(5)紧急情况下必须身处旅客面前，并能发挥主导作用。

(6)清楚紧急疏散程序，根据指示或独立决定在走廊、楼梯及其他通道控制旅客交通，掌握行动不便人员的撤离方法，并能搜寻已疏散的区域。

(7)具有较强的组织和沟通能力，能调动部分旅客提供协助。

(8)熟悉集合程序，并能保持集合点良好的秩序。

(9)在确信紧急情况消除后能说服乘客稳定情绪，并采取措施避免或减轻恐慌情绪。

二 管理控制实务

实践中，客船上船员的数量要远比旅客少得多，各种潜在的混乱和意外也在考验他们的智慧，为处理紧急情况以及可能进行的疏散行动，要求船员具备丰富的知识、训练有素且行之有效的行为和技巧。

(一)压力下的心理反应

紧急情况将对人的心理产生不同程度的影响，甚至造成恐慌，进而会做出各种非理性行为。因此，在对旅客进行管理中，船员应注意从心理角度解读旅客在压力情况下可能做出的反应，了解应急措施的成效对旅客和船员自身情绪的影响以及由此可能导致的恐慌和冲动行为。

人们通常需要一段时间才能接受已发生紧急情况的事实，而在问题刚出现时，第一反应多是寻找自己的亲人、朋友或是个人物品。紧急情况下，家庭分离将加剧人们负面的心理影响。船员应通过旅客现状判断其承受压力的程度，并采取适当对策，对失散孩子的父母、老年人、残障人以及语言沟通障碍者等应予以特别关注。船员需注意紧急情况下按照指示和程序行动是非常重要的。

(二)责任感有助于提高人群管理效果

紧急情况下，人们通常对身穿制服的指挥者产生莫大的信心，并将产生正面的心理反应，此时，人们不仅会听从指挥还会自愿提供帮助。因此，紧急情况下，船员的行为非常重要，而责任感是船员克服压力、控制情绪和进行理性行为的前提。

船员负责任的理性行为同时还能感染旅客，使他们为了自己的家庭、朋友或是他人而自愿提供协助，这样不仅有助于抵抗心理压力，而且对战胜危机也有很大帮助，产生较好的人群管理效果。因此，船员应经常训练，体验紧急情况下对人们的责任，培养对旅客安全的高度责任感。

(三)紧急情况与信息的通报

1. 警报的发出

实践中，通常采用发警报信号的方式通知全船发生紧急情况以及紧急情况的类型。需要注意的是，单纯发出警报信号是不够的，特别是对于载有大量旅客的船舶。

警报信号的发出通常比事故的发生要晚，单纯警报一般不能让旅客感觉到压力；并且，如果不能继续进行口头指导或说明，多数旅客不能马上理解警报信号的含义。听到警报后多数旅客的反应首先是，将正在进行的活动停顿一下，对警报器产生好奇，片刻后开始讨论信号并猜测可能的含义，最后形成一致意见。这种缓慢的反应模式以及经过猜测达成的可能是错误的共识，将给人的心理产生巨大的压力，甚至产生恐慌。

同时，单纯的警报信号并不能告诉旅客如何行动。实践证明，多数旅客对张贴的告示并不关心，更不会去记警报信号的含义和应急行动。仅凭猜测形成的个人判断可能使他们做出非理性行为，特别是在一个陌生的环境中，人们往往会根据自己承受的压力进行本能的反应，而经解释说明后，人的行为通常会趋于理性。

因此，发生紧急情况时，在发出警报信号的同时，还要立即以广播的形式进行指示和说明；并且，在进行广播说明时应先进行指示，再进行解释说明，即先下达动作指令再给予理由说明。

2. 应急期间的信息通报

警报发出后，应急期间的信息通报对负责管理和控制旅客的船员来说至关重要，将直接影响旅客对船员的信任和船员的权威，进而影响管理控制成效。因此对于应急期间的信息通报，船员应遵照以下要点指南。

(1)信息通报应清晰而简明，不要喋喋不休，并避免使用专业术语。

(2)使用一种或多种适合的语言。当口头沟通无法进行时，需要通过其他方式进行沟通，例如通过示范、手势或提醒旅客注意指示牌、集合点、救生设备、疏散通道的位置等。

(3)不准确、不完整的信息或错误的通知方式可能导致无法掌控的局面。

(4)给予旅客的通告应当优先处理。

(5)对于旅客和船员可能的反应做好准备。

(6)船员得到的信息应该较之旅客更充分、更完整。

(7)不要让旅客对你失去信任。向旅客介绍自己，包括职务和姓名，注意保持声音平稳。

(8)通报内容要和旅客经历、了解的相符，并能被旅客理解或想象。

(9)不要对真实危险轻描淡写(旅客会认为被隐瞒了真相)。告知旅客发生的事情，并给出你对事态的评估；告知已采取的措施并说明预期后果；是否已通报岸方；说明对于相应的职责船员已得到充分培训，旅客应遵照指示；说明下一次通报的时间。

(10)定期进行信息通报：激烈阶段每隔10~15 min通报一次；稳定阶段每半小时或每小时通报一次。

(四)权威是群体管理的重要保障

人们通常更信赖于权威高的指挥者或领导者。紧急情况下，船员扮演着指挥、领导旅客的重要角色。对于一般的疏散或撤离，旅客也更愿意相信船员，但对于诸如说服旅客进入救生艇的情形，船员则需要更高的权威。为此，以下要点可提供帮助。

(1)身穿制服或其他标志。

(2)佩戴小型扩音器，有助于提高音量，吸引旅客的注意力。

(3)提升船员获得信息的优越感，使船员能及时、充分获得最新信息。

(4)配备手提无线电话，最好同时配有耳机，既便于信息交流又提高船员信心，旅客也更加信任。

第五节　处理保安敏感信息和保安通信

要点

本节分析了船舶常见的敏感保安信息以及这些敏感信息的处理，阐述了船舶保安通信方式方法以及可用设备。

必备知识

一　船舶保安敏感信息

(一)常见船舶保安敏感信息

船舶保安敏感信息是指有关船舶保安方面的重要信息，一旦泄露或丢失将对船舶构成重大保安威胁。实践中，不同船舶类型、不同航运环境下，船舶保安敏感信息不尽相同，但通常都包括以下内容：

(1)船舶保安计划。

(2)船舶限制区域。

(3)船舶保安设备，包括船舶保安警报系统、船舶自动识别系统等存在位置、操作方法。

(4)关键设备和关键操作。

(5)安全舱及重要安全通道。

(6)船舶保安薄弱点。

(7)特殊船舶物料、货物信息。

(8)船舶各类应急措施。

(9)可能影响船舶保安的任何其他机密信息。

(二)处理船舶保安敏感信息的原则

在处理上述保安敏感信息时应遵循以下原则或注意事项：

(1)除船旗国相关检查官和经授权的保安组织检查官，船舶保安敏感信息通常不应向其他方披露。

(2)船舶、公司内部人员对保安敏感信息的了解程度通常由公司保安员、船舶保安员或船长来决定。

(3)船舶保安员为船舶保安直接负责人，相关保安信息通常应向船舶保安员报告并由其发布或处理。

(4)时刻保持基本的保安意识和警觉，并采取措施防止所了解的保安敏感信息泄露或丢失。

(5)确保履行自身保安职责，收集可能影响船舶保安的机密信息。

(6)发现任何可能的保安威胁或可能影响船舶保安的任何嫌疑，假定它是真实的并毫不迟疑地报告。

二 船舶保安通信

(一)船舶保安内部通信

船舶保安内部通信指船舶保安信息、事件的内部交流、报告，以便沟通、传递保安信息，及时发现保安威胁，预防保安事件的发生。实践中，除部分保安信息或指令由船舶保安员向保安应急小组下达外，保安通信更多地体现在保安值班人员关于船舶保安信息的内部报告上。

船舶保安内部报告包括舷梯口值班报告、甲板巡逻报告、搜查报告和海面监视报告等。值班人员在值班期间发现任何可疑情况均应立即报告船舶保安员或船长。报告内容包括发现时间、地点、可疑事件类型等；报告的形式可以是口头的，也可以通过手提对讲机、电话、广播等，并须按要求做好记录。

1. 舷梯口值班人员

在发现下列情况时应立即报告船舶保安员或船长：

(1)试图登船者本人与所持身份证件不符。

(2)试图登船者拒绝出示其身份证件。

(3)难以鉴别试图登船者的身份。

(4)有人试图携带违禁或可疑物品登船等。

2. 甲板巡逻人员

当发现有可疑人员或未经允许的人试图进入或已经进入限制区域的，应立即制止并报告船舶保安员或船长。

3. 搜查人员

当发现有可疑物品(武器、爆炸物、毒品等)或可疑人员(恐怖分子、偷渡者等)时，应立即报告船舶保安员或船长。

4. 发现者

船舶在海上航行或在港停泊期间，若发现有不明船只尾随、靠近、试图攻击或其他可疑情况时，发现者应立即报告船舶保安员或船长。

(二)船舶保安外部通信

船舶保安外部通信主要指船舶与港口设施保安员、公司保安员以及保安联络点的通信和交流，包括正常保安信息交流和保安事件报告。实践中，通常由船舶保安员或船长对外进行通信和交流。

1. 船舶与港口设施保安员

(1)到港前，船舶应按要求向港口设施保安员通报本船所运营的保安等级及其他保安信息，特别是当船舶保安等级高于港口设施所处的保安等级时。

(2)当船舶遭遇了保安威胁或发生了保安事件，应将情况迅速报告港口设施保安员或保安主管当局。

(3)如果船舶被要求在港期间执行保安等级2或3，船方应确认收到相应指令，并应同港口设施保安员一起确保船舶已采取了相应的保安措施和程序。

(4)当被要求执行保安等级3时，船舶应确保已按缔约国政府的要求采取了适合的保安措施和程序，并应将执行中遇到的困难报告港口设施保安员。

(5)需特别注意的是，在船舶安全和保安方面，船长始终拥有最终的决定权。因此，如果有理由确信执行某项指令将危及船舶保安，船长可以要求港口设施保安员对此项指令作进一步解释或修改。

2. 船舶与公司保安员

船舶应将下列情况或信息报告公司保安员：

(1)发现有不明身份者或不明意图者试图登船。

(2)发生保安事件。

(3)保安等级发生改变。

(4)需要执行相应保安措施和程序，并报告执行时遇到的困难。

(5)由于缺陷，船舶被港口检查、延迟、滞留、限制操作或者被驱逐。

(6)关于船舶保安计划的修改建议等。

3. 船舶与保安联络点

在发生以下情况时，船舶应迅速向最近沿岸国的保安联络点报告：

(1)发现可能影响区域或海上保安的信息。

(2)遭受保安威胁。

(3)发生保安事件。

(三)船舶保安通信设备

船舶保安通信除以口头的形式完成外，大多借助于相应保安通信设备。以下为常见船舶保安通信设备。

1. 手提对讲机

通常作为船舶内部通信设备，用于值班船员之间以及值班船员与船舶保安员、船长、驾驶台的通话，如图3-16所示。该设备既可用做保安通信，也可用做通常业务通信。由于在同一频率上的人员均能收到信息，因此，在用做保安通信时应注意信息的保密，设置保密频道或改换其他通信方式。

图3-16 手提对讲机

2. 船用内部电话

船用内部电话与通常固定电话外观没什么两样，所不同的是船用电话多采用快捷方式拨号，并具备全船广播的功能，如图3-17所示。一般在每名船员的房间、驾驶台、机舱、值班室以及主要舱室均装有该电话。使用该电话通信的优点是只对船舶内部有效，保密性好；缺点是只能在固定地方使用，灵活性较差。

3. 公共广播系统

船用公共广播系统可用于一般信息的广播扩音，也可在紧急情况下发送报警信息；既可用于生活区、机舱内部广播，也可用于甲板区外部广播，如图3-18所示。在紧急情况下需要提醒全体船员注意或召集全体船员时，使用该系统特别有效。该设备通常装在驾驶台，只能在驾驶台使用该设备，但多数船舶通过船用内部电话也可以进行广播。

图3-17 船用内部电话

图3-18 船舶公共广播系统

4. 甚高频（VHF）

该设备既可进行常规业务通信，也可在遇险时发送报警信息，如图3-19所示。实践中常用于船舶之间、船岸之间通话或遇险信息的发送，也可配合手提对讲机用于船舶内部通话。

5. 全球海上遇险和安全系统（GMDSS）

该系统用于船舶之间、船岸之间的遇险、安全和常规业务的外部通信，如图3-20所示。当遭遇保安威胁时，如果没有指定的通信系统和使用频道，船舶通常使用GMDSS报告保安信息。

图3-19 VHF通信设备

图3-20 GMDSS通信设备

6. 船载自动识别系统（AIS）

作为通信工具使用时，AIS只支持信息发送，当遭遇保安威胁或发生保安事件时，船舶可以利用AIS向其他船舶或岸基发送保安信息或紧急报警信息。

7. 船舶保安警报系统

船舶保安警报系统(SSAS)是在船舶遭遇紧急保安事件时,用于向其他船舶或岸基发出保安报警信息的专用设备,如图3-21所示。由于该设备特殊的功能,在船上通常与其他保安信息一样具有保密性,特别是报警信息的设置和发送启动按钮,通常只有船舶保安员和船长知道。

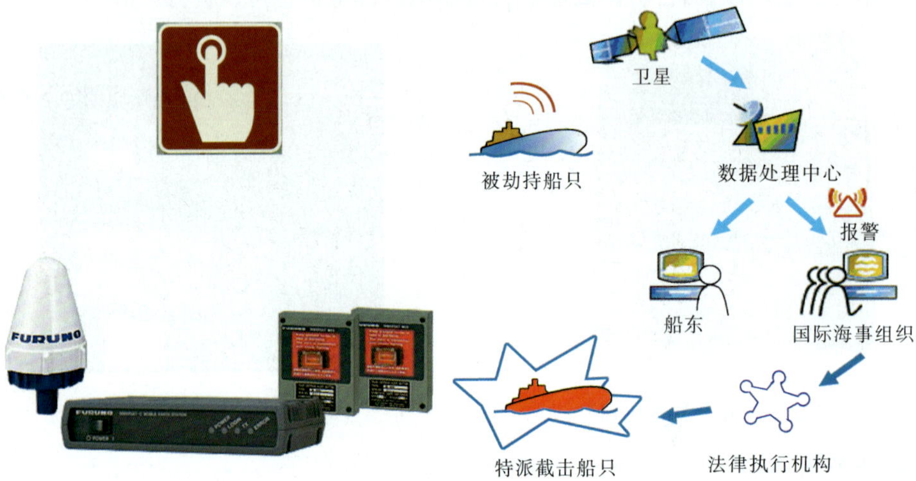

图3-21 船舶保安警报系统

第六节 非侵犯性检查和搜身

要点

本节阐述了非侵犯性检查和搜身的方法及其实施。

必备知识

为切实保护公民权益,在尊重人格尊严的情况下,采取适当的方式和技术手段对相关人员进行安全检查,从而达到查清事实的目的,是被各国法律所承认的。

根据ISPS规则B部分的规定,所有试图登船的人员均可能受到搜查。此种搜查最好由港口设施与船舶密切协作在船舶附近进行。在进行此种搜查时,应充分考虑被搜查者的人权,并维持其基本尊严。另外,除非有明确的保安理由,否则不应要求船舶人员搜查同事或其个人物品。如果船舶在航行中发现船上有进行违法、犯罪活动的可疑人员，根据各国海商法和国际惯例，船长有权对从事违法犯罪的人员采取禁闭或其他必要措施。

一 非侵犯性检查

非侵犯性检查是为了防范或制止危害船舶安全的行为，保障船员、旅客生命和财产安全而采取的一项预防措施。非侵犯性检查通常包括以下几种：

（一）身份证件检查

合法有效的身份证件是证明登船人员身份的最直接的证据。船员，特别是负责在舷梯口值班的船员应对来船人员进行证件检查，必要时可以要求在船舶附近的可疑人员出示身份证件，目的是了解当事人的身份，并通过对证件真伪的判定，确定当事人的可疑程度以及可能对船舶带来的潜在威胁。

1. 身份证件的种类

(1)居民身份证。

(2)护照与签证。

(3)其他身份证件，包括海员证、军官证以及所属单位签署的工作证。

2. 证件检查的注意事项

(1)观察证件照片与本人的相符程度。

(2)注意证件内容是否简明而详尽，是否有防伪标志，做工精细与否，是否有复印迹象。

(3)边查边问，同时注意被查者的反应。

(4)保持适当安全距离，并作好安全防范。

(5)可通过其他已被确认身份的人员进一步验证被查者身份。

(6)需要时报请负责的高级船员或船长，必要时通过港方人员或代理确认。

（二）磁性金属探测器近身检查

检查员手持一种金属探测器，贴近旅客身体搜索全身上下前后，如图3-22所示。仪器遇到手表、衣袋内的钥匙、小刀、纪念章等金属物后，即会发出特殊声音，旅客则需要从衣袋内取出全部金属物再进行检查，直到检查员消除怀疑为止。

图3-22 磁性金属探测器

（三）安检门检查

安检门是一种门式检查装置，所有拟进港登船人员需从门框内通过，如果身上携带金属物装置就会发出信号。随后，检查员会对有怀疑的人再作搜身检查。

(四)物品检验

物品检查主要是对箱包等行李物品的检查，实践中通常的做法与所应坚持的原则包括以下几种：

(1)人、包分离原则。一般采取将全部手提物品放在输送带上,通过红外线透视仪器检查。检查员通过监视荧光屏观察物品,对可疑物品再实行开箱检查。

(2)物品检验的步骤应遵循“一看、二听、三闻、四摸、五拆包”原则。

(3)对需要开箱检查的物品,应遵循轻开、慢拉、谨慎开启原则。

(4)坚持轻拿、轻放、顺序查验的文明礼貌检查原则。

二 搜身

(一)搜身的概念

搜身是指在制服和缉捕了犯罪分子或犯罪嫌疑人的前提下，对其人身进行的搜索和检查。搜身通常由享有执法权力的机关、部门行使,并必须符合法定的条件和程序。

各国法律均明确规定严禁非法搜身。其目的在于保护公民的合法权益和人格尊严,但并不排斥对事实的调查,关键在于搜身行为的合法性。例如,机场对乘客人身和行李的检查。

(二)搜身的目的

(1)为了查明和清除可能隐藏在犯罪嫌疑人身上的各种凶器。

(2)为了查获犯罪嫌疑人携带的罪证。

(3)为了探明旅客是否携带枪支、弹药、凶器、易爆易燃物品、剧毒品,以及其他威胁飞机、船舶安全的危险物品。

(三)搜身方式

对拟登船人员以及航行中已登船的可疑人进行搜身,必须坚持安全有效的原则。常见的搜身方式有以下三种:

(1)展背靠墙搜身法。该法是利用墙壁或其他支撑物来完成的,让可疑人员靠在墙边,双腿尽可能叉开,低头朝下,用双手指尖触墙,搜查者从后面自上而下摸索其全身的方法,如图3–23所示。

(2)俯卧式搜身法。要求可疑人员面向下卧倒,双手交叉置于脑后,搜查者揪住可疑人的头发和交叉在头后的手指,用一只膝盖置于其髋部再进行搜身,如图3–24所示。

图3–23 展背靠墙搜身法

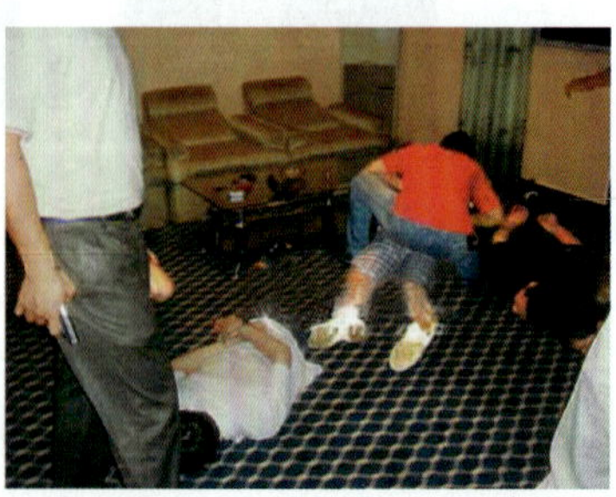

图3–24 俯卧式搜身法

(3)下跪式搜身法。要求可疑人员跪在地上,手指交叉置于头后,搜查者擒住可疑人交叉双手的小指与头发,一只膝盖放在犯罪嫌疑人的背后,另一只手进行搜身,如图3-25所示。

图3-25 下跪式搜身法

(四)搜身时应注意的问题

(1)搜身时必须保持高度的警惕。

(2)应采取正确的搜身方法。搜身时,不能让可疑人员原地站立,应命令其靠住物体。在没有倚靠物时,应采用下跪式搜身法。

(3)对可疑人员应进行全面搜身。一般按从上到下、从前至后的步骤进行,不能只搜上身,不搜下身。

(4)搜身一般要求用手挤压、触摸翻动。

(5)搜身必须认真、彻底、不留任何后遗症,不能搜出一件凶器就放弃进行全面搜身。

(6)搜身时要注意凶器隐藏部位,尤其应注意帽子、衣领、护腕、腋下、小腿内侧等可能隐藏凶器的部位。

第四章 船舶保安计划的实施

船舶保安计划的有效实施，将有利于促进船舶保安实践的不断改进，促进船舶良好保安文化的持续提升。本章介绍了船舶保安计划的基本知识，保安事件报告程序，船舶保安应急计划与应急反应程序，船舶保安检查与保安活动的审核、评审四部分内容。

对仅接受船舶“保安意识培训”的人员，要求其掌握本章第一、第二节的全部内容以及第三节必备知识中“船舶保安应急反应计划”的内容。对接受“负有指定保安职责船员培训”的人员，要求其掌握本章全部内容。

第一节 船舶保安计划概述

必备知识

本节介绍了船舶保安计划的配备与编写要求，介绍了船舶保安计划应包含的内容、保存方式及其审核与批准，指出船舶保安计划中的机密信息，非经有关缔约国政府另行同意，不能受到检查。

必备知识

一 船舶保安计划的概念

船舶保安计划(Ship Security Plan,SSP)，是指为确保在船上采取旨在保护船上人员、货物、货物运输单元、船舶物料以及船舶免受保安事件威胁的措施而制订的计划。

二 船舶保安计划的配备与编写要求

（一）配备要求

每艘船必须随船携带经主管机关批准的船舶保安计划，该计划应包括船舶在三个保安等级下应采取的措施。

（二）编写要求

(1)船舶保安计划是在船舶保安评估的基础上，由公司保安员负责组织制订。

(2)经认可的保安组织可以为某一特定船舶编制船舶保安计划，但该组织不可以同时参与本船保安计划的评审和批准工作。

(3)船舶保安计划应用船上的一种或几种工作语言编写，如果所用语言不是英文、法文或西班牙文，还应包括其中一种语言的译文。

三 船舶保安计划的内容

（一）船舶保安计划至少应涉及的内容

根据ISPS规则A部分的适用要求，船舶保安计划应至少涉及以下内容：

(1)防止将用于对付人员、船舶或港口，且其携带未经授权的武器、危险物质和装置携带上船的措施。

(2)对限制区域的确定以及防止擅自进入限制区域的措施。

(3)防止擅自登船的措施。

(4)对保安状况受到的威胁或破坏作出响应的程序，包括维持船舶或船/港界面的关键操作的规定。

(5)对缔约国政府在处于保安等级3时可能发出的任何指令作出响应的程序。

(6)在保安状况受到威胁或破坏的情况下撤离人员的程序。

(7)船上负有保安责任的人员的职责和船上其他人员在保安方面的职责。

(8)保安活动审核程序。

(9)与该计划有关的培训、演练和演习程序。

(10)与港口设施保安活动进行配合的程序。

(11)定期评审和更新该计划的程序。

(12)报告保安事件的程序。

(13)指明船舶保安员。

(14)指明公司保安员，包括24 h详细联系方式。

(15)确保检查、测试、校准和保养船上任何保安设备的程序。

(16)船上任何保安设备(如有)的测试或校准次数。

(17)指明船舶保安警报系统启动点所在位置。

(18)船舶保安警报系统的使用，包括试验、启动、关闭和复位以及限制误发警报的程序、说明和指导。

（二）船舶保安计划还应包含的内容

根据ISPS规则B部分的指导，船舶保安计划还应包含以下内容：

(1)详细列出船舶的保安组织结构。

(2)详细列出船舶和公司、港口设施、其他船舶及有关保安当局的关系。

(3)详细列出保持船舶内部和船舶与船舶之间以及船舶与港口设施之间有效的持续联系的通信系统。

(4)详细列出在保安等级1时基本的作业和实地保安措施,其应始终到位。

(5)详细列出能使船舶从保安等级1迅速提升至保安等级2以及必要时至保安等级3时的附加保安措施。

(6)提供对船舶保安计划的定期审议或审核,以及根据经验或环境变化提供船舶保安计划的修正案。

(7)向有关缔约国政府联络点报告程序。

四 船舶保安计划的保存

船舶保安计划可以用电子格式保存，但应建立程序加以保密控制，防止其被擅自删除、破坏或修改。

五 船舶保安计划的评审、批准与检查

(一)评审与批准

(1)主管机关可将船舶保安计划的评审和批准工作或对以前已批准计划的修正内容的评审和批准工作委托给经认可的保安组织，但该组织不可以同时参与被审船舶的保安评估或船舶保安计划的制订或其修正内容的编写。

(2)提交审批的船舶保安计划或对以前已批准的船舶保安计划的修正内容应附有编制该计划或修正内容所依据的保安评估。

(3)船舶保安计划内容的重大改变或其所列明的任何保安设施的改变,非经主管机关或其认可的保安组织审批,不能实施。

(二)对船舶保安计划的检查

(1)船舶保安计划不受按照SOLAS公约第XI-2章第9条执行控制和符合措施的缔约国政府正式授权官员的检查。

(2)如果缔约国政府正式授权的官员有明确理由相信船舶不符合第XI-2章或ISPS规则的要求,并且验证或纠正不符合情况的唯一方式是审查船舶保安计划的相关要求,则可破例允许查看该计划中与不符合情况有关的具体部分，但必须征得有关船舶的缔约国政府或船长的同意。

(3)船舶保安计划的下列规定被视为机密信息,非经有关缔约国政府另行同意,不能受到检查。

- 对限制区域的确定以及防止擅自进入限制区域的措施
- 对保安状况受到的威胁或破坏作出响应的程序，包括维持船舶或船/港界面的关键操作的规定
- 对缔约国政府在处于保安等级3时可能发出的任何指令作出响应的程序
- 船上负有保安责任的人员的职责和船上其他人员在保安方面的职责
- 确保检查、测试、校准和保养船上任何保安设备的程序
- 指明船舶保安警报系统启动点所在位置
- 船舶保安警报系统的使用,包括试验、启动、关闭和复位以及限制误发警报的程序、说明和指导

【常见违规现象】

(1)船舶保安计划和/或各种保安记录随意摆放在办公桌上。(参见图4-1)

图4-1 保安计划的存放

(2)存放电子版船舶保安计划的移动存储设备随意乱放。

(3)办公电脑中的电子版保安计划没有加密措施。

(4)随便向检查人员出示船舶保安计划。(参见图4-2)

(5)批准的保安计划上船实施后,原先推进、学习用的保安计划草稿及不规范的记录未及时撤除、封存。

图4-2 保安计划和各种记录的查阅

第二节　保安事件报告

要点

本节介绍了报告船舶保安事件应遵循的程序及报告的内容。

必备知识

在发生船舶保安事件后，船长、船舶保安员必须在规定的时间内向公司报告。为了规范报告，可在船舶保安计划中对发生船舶保安事件后的报告时限和报告内容加以规定。

一　保安事件报告程序

如果船舶牵扯到一起保安事件，船长或船舶保安员必须在24 h内向公司保安员报告，报告应遵循以下程序：

(1)船舶发生保安事件，船长应向全船人员通告发生的保安事件。

(2)船长通知所有涉及的人员并撤离相关区域。

(3)船长与船舶保安员组织船舶保安应急反应小组按程序工作，实施防范。

(4)船舶保安员向公司保安员和有关缔约国当局报告船舶发生的保安事件，如船舶航行确报船位及所遇情况。

(5)若船舶靠泊或抛锚，船舶保安员应将船舶发生的保安事件向港口设施保安员通报，请求港方协作。

(6)当保安事件得到控制、稳定后，船舶保安员应写出保安事件发生的原因、经过、损失情况及实施的有效防范措施报公司保安员。

(7)船舶保安员应记录发生的保安事件的详细情况。

二　报告的内容

发生与船舶有关的保安事件，船长或船舶保安员应立即向公司保安员和船旗国、港口国或沿岸国联络点提交一份报告，若无法与有关联络点联系，可要求公司保安员转交此报告。报告应包括以下内容：

(1)船名、船舶呼号和IMO编号。

(2)船位(经度/纬度或港口/泊位)。

(3)上一港和下一港。

(4)事件或威胁的性质和情况,以及日期、时间和地点。

(5)被指称犯罪的人数(包括是否是船员或其他人员)。

(6)罪犯的有关资料(姓名、国籍等)。

(7)被害人的详细情况以及伤害的性质和严重程度。

(8)使用的危险物质或设备(武器、爆炸物、其他)。

(9)把危险物质或设备带入港口设施或船舶的方法(人、行李、货物)以及所述设备或物件隐藏之处或使用之处,采取什么保安措施。

(10)防止类似事件再次发生的建议措施。

(11)其他有关的详细情况(若需要)。

【常见违规现象】

发生保安事件后,船方隐瞒事实,未向公司报告(参见图4-3)。

图4-3 保安事件的报告

第三节 船舶保安应急计划与应急反应程序

要点

本节介绍了船舶保安应急的一般程序及保安应急组织机构的组成；详述了应对炸弹搜查时、防海盗及武装袭击时、船舶人员撤离时、船舶发现偷渡人员与毒品时以及有可疑小艇以威胁方式接近本船时的应急反应程序；概括了对海上保安威胁事件应急行动的演练与演习的要求。

必备知识

一 船舶保安应急反应计划

船舶保安计划中有关船舶保安状况受到威胁或破坏的应急反应的规定，旨在向船长、船舶保安员提供能够处理船舶在遭遇保安威胁或因保安事件而遭受破坏时作出响应的程序，以确保最大限度地减少对人员、船舶及港口设施造成的损失。

（一）应急反应的一般程序

当船舶发生保安事件或保安状况受到威胁或破坏时，应急反应的一般程序为：

(1)任何人员发现任何保安威胁或破坏保安的可疑情况应及时向船舶保安员报告。

(2)船舶保安员接到报告后对可疑情况进行调查和分析，若情况紧急，可立即采取全船集合的行动，向全体船员介绍可能的保安威胁及提高警惕的必要性，要求他们报告任何可疑的人员、物品或行为。

(3)根据调查和分析结果采取应急行动。

(4)禁止进入受事件影响的区域。

(5)除应急反应人员外，禁止其他人员上船。

(6)若有必要，在全船采取保安等级3时的保安措施，包括停止装卸货。

(7)暂停除维持船舶安全和保安措施所必需的操作以外的非关键性操作，如船舶的维修保养和清理货舱等，以集中人员和精力应对保安威胁或破坏。

(8)若确认存在保安威胁或破坏，应按要求向附近船舶和岸上保安当局发出警报，并向公司保安员和主管机关、港口国或沿岸国联络点附近保安当局报告。

(9)一旦保安事件威胁到本船或船上人员的安全，若撤离本船更为安全，则可在港口设施保安当局的许可和监控下，将没有保安任务的人员撤离本船。

(二)船舶保安应急机构

船长是船舶应急总指挥,根据现场情况,组织、指挥船员采取一切必要保安措施,必要时请求第三方援助。

船舶保安员是船舶应急副总指挥,现场应急总指挥,负责向公司保安员报告和对外联系。当船长不在船或因故不能履行职责时,接替船长履行职责。

大副是船舶应急现场指挥(除机舱抢险外),协助船舶保安员工作。水手长是船舶应急现场副指挥,协助大副工作。

轮机长是船舶机舱抢险应急现场指挥,协助船舶保安员工作。机工长是船舶机舱抢险应急副指挥,协助轮机长工作。

全体船员在紧急情况时,听从现场指挥的命令,按各种应急操作所规定的各自职责执行任务。

二 应急反应程序

(一)对炸弹(爆炸物/不明物体)搜查时的应急反应程序

(1)船舶保安员应根据本船实际,将全船可能存在爆炸物品的部位按部门职责分工划分成若干个责任区,落实到每个船员。

(2)受到炸弹威胁或怀疑船上有炸弹需要进行搜索时,船长应召集船员,简要介绍炸弹事件。

(3)船舶保安员指派熟悉被查区域的人员进行炸弹搜查,寻找其区域内可疑物品。

(4)搜索人员如果发现可疑物件或包裹,必须马上报告船舶保安员,报告时不要用无线电通信。应做到:

- 不要触摸、移动(参见图4-4)

图4-4 炸弹搜查

●不要向可疑物泼水或抛投任何物品

●关闭可疑物附近的门窗，以减少气流影响

●使用垫子或沙袋以减少气流影响，但不要遮盖可疑物

●在可疑物附近不要发出声热振荡或颤动

●在可疑物附近不要使用无线电装置

●记住可能会有更多的炸弹

●向公司及有关当局报告有关炸弹的形状和位置等情况

●若在海上，迅速驶向附近的港口

(5)船舶保安员向公司及有关当局报告有关炸弹的形状和位置等情况，并按其指令行事。

(二)船舶防海盗及武装袭击时的应急反应程序

1. 航行/锚泊于海盗出没频繁区域之前

(1)船长应通过代理、港方等官方渠道，搜集信息，确定防范等级和应对方案，向全体船员预警并作出部署。

(2)除保留少数安全进出口外，封闭所有通道，紧固锚链孔挡板，封闭所有货舱道口。

(3)将可进库的物品、备件、工具等，一律进库加锁。

(4)配妥通信器材(应急报警设备、警铃、VHF)、求救信号和自卫器械，并准备好水龙带，保证甲板用水供应。

(5)增设安全班，安排保安值班巡逻人员，严格值班瞭望和巡逻规定。

2. 航行/锚泊于海盗出没频繁区域时

(1)保持电台连续值班。

(2)夜间，在不影响航行安全的情况下，要保证关键部位足够的照明；低速行驶或锚泊期间，可加装临时照明灯。

(3)值班巡查到位，严密监视船体周围海面的情况。

(4)保障驾驶台与巡逻人员的联络畅通。

(5)船舶应谨慎处置海难求助等异常情况，防范海盗以此伎俩接近船舶。如果船长确定有必要让人上船，一次只应上一人，上来的人应予仔细搜身。保安应处于高度戒备状态，在船舶四周保持瞭望。

(6)航行中，若遇他船呼叫停车，船舶在未判明来船的真实身份之前不得停车，应保持较高船速。(参见图4-5)

(7)当发现海盗船贴近、抛掷绳索或攀登本船时，迅速向驾驶台报警，并采取砍断绳索等措施阻止其登船。

(8)驾驶台接报后，向全船发出警报，开启探照灯。

(9)船舶启动应急程序，船员按应急部署，进入防卫岗位，实施防范。

(10)立即向公司报警，确报船位及所遇情况；利用16频道反复呼叫，向附近岸台和周

围船舶请求援助。

图4-5 防海盗

(11)加强瞭望，警惕船体四周，防范海盗声东击西。

(12)海盗登船后，应以驱赶为原则，除生命受到明显威胁外，不要抵抗武装海盗。

船舶遭遇海盗及武装袭击的应急情况应记入航海日志等相关记录中，并书面向公司详细报告。在发生袭击后，船长应向附近救助协调中心发一份报告，在报告内就船舶身份和位置、任何人员伤害或物质损失提供信息，并对袭击者进行描述。

(三)船舶人员撤离时的应急反应程序

(1)当船舶的保安状况受到严重威胁和破坏时，确认已危及到人员的生命安全，公司保安员应将人员撤出船舶现场的决定通知船长执行，或由船长决定撤离的时机。

(2)船长应以船员公认的方式下达撤离命令。

(3)主管通信设备的人员必须在电台值守，发送船长交发的最后电文直至离开时。

(4)有关人员应携带国旗、船舶证书、航海、轮机日志、重要文件及保安记录、双向无线电话，如果在海上，还应携带雷达应答器、必要的食品和毛毯等。

(5)船员应按照保安部署规定的路线到指定地点集合。

(6)如果在海上，应按照船舶应变部署表的分工做好撤离前的准备工作。

(7)在条件允许的情况下，离船前应关闭船上所有的动力、电力，以及可能溢油的阀门。

(8)在检查确认没有人员被遗漏后，船长命令离船。

(9)船员撤离后，应与公司保安员、当地代理或港口设施保安员、公司驻外机构等保持联系。

(四)船舶发现偷渡人员时的应急反应程序

(1)船舶应组织人员将偷渡者擒获并对其采取捆绑等强制性安全措施，然后选择安全可靠的房间，对其分别监护，指定专人看管，并立即报告公司保安员。(参见图4-6)

图4-6 发现偷渡人员后的保安措施

(2)对偷渡者进行查问，初步确认其身份、潜入途径及有无同伙等情况。

(3)船舶在对现场实施拍照或摄像及物品封存后，应组织人员对全船进行彻底检查，以防藏匿其他偷渡分子，检查结果报公司保安员，按公司保安员指示处理。

(4)船舶应记录事件的处置过程并归档。

(五)船舶发现毒品时的应急反应程序

(1)对现场进行多方位、多角度拍照，并封存毒品。在封存毒品时，不得触摸毒品包装上的痕迹。

(2)船舶应尽可能封闭现场，如果不能封闭，可将毒品移至安全地点保存。

(3)船舶在组织人员对全船进行检查的同时，向公司保安员报告发现毒品的时间、地点、种类、数量、外形包装、发现人和现场证人等情况。

(4)船舶应按公司保安员指令行事，记录事件的处置过程并归档。

(六)可疑小艇以威胁方式接近本船时的应急反应程序

1. 发现有可疑小艇以威胁方式接近本船时

(1)对可疑小艇进行连续监控。

(2)在保证航行安全的情况下，加速和改变航向，使用Z形航法，不让小船靠近。

(3)对任何信息(无线电/灯光/呼叫)不予回复。

(4)主甲板不留人员。

(5)记录他船情况，有可能时拍照。

(6)夜间，关闭主甲板所有灯光，用探照灯直照接近小艇。

(7)报告公司保安员和附近保安当局。

(8)准备水龙，必要时用高压水阻止登船。

(9)如果阻止可疑人员登船失败，将通往生活区的所有门窗关闭，船员保持在房内。

(10)无论如何,阻止可疑人员登船,是最好的保安措施。

2. 应急情况记录

应急情况记入航海日志等相关记录中,并书面向公司详细报告。

3. 发生袭击后报告

在发生袭击后向附近救助协调中心发一份报告,在报告内就船舶身份和位置、任何人员伤害或物质损失提供信息,并对袭击者进行描述。

三 对船舶保安状况受到威胁或破坏的反应

(一)海上保安威胁事件

根据ISPS规则B部分的规定,当前主要的海上保安威胁事件包括以下9种:

(1)对船舶(或港口设施)的损坏或破坏,例如通过爆炸、纵火、破坏。

(2)劫持或扣留船舶或船上人员。

(3)损坏货物、船舶设备、系统或船舶物料。

(4)未经允许使用或进入,包括藏于船上的偷渡人员。

(5)武器或设备包括大规模杀伤性武器的走私。

(6)使用船舶载运企图制造保安事件的人员和/或其设备。

(7)使用船舶本身作为损坏或破坏的武器。

(8)在港或锚泊时从海上发动的攻击。

(9)在海上航行时受到的攻击。

(二)对海上保安威胁事件的应急演练

根据ISPS规则B部分规定的9种船舶保安威胁, 船舶制订海上保威胁事件应急反应预案,并按规定的时间间隔组织演习和演练。(参见图4-7)

××轮保安演习记录

演习时间	演习内容
2008.02.16	船岸联合演习
……	
2009.05.20	防止偷渡、防止损坏货物或船舶设备
2009.07.18	防止损坏船舶、防止武器走私、防止载运恐怖分子/设备
2009.09.15	防止劫持船舶、防止利用船舶作为破坏武器
2009.10.10	防止停泊时的海上攻击、防止海上攻击
2009.10.20	船岸联合演习

图4-7 保安演练

演习和演练的目的是为确保船上人员熟悉在各保安等级中的职责，以及确保鉴别所有与保安方面有关的缺陷。为确保有效落实船舶保安计划的规定，船舶应至少每3个月进行1次演练。此外，如1次有25%的船员发生变更，而这些人员在最近的3个月中没有参加过该船的演练，或者由于船舶处于修理和季节性延迟，则必须在发生变更的1周内进行演练。(参见图4–8)如果合适，保安演练可与其他非保安演练一起进行，以确保船舶保安计划的适应性。

图4–8 保安演习

1. 应急演练部署

(1)船长任船舶保安总指挥；船舶保安员任现场总指挥；大副任现场指挥；驾驶台固定人员包括二副、值班水手；机舱固定人员包括轮机长、值班机工。

(2)集合地点：主甲板或指定地点。

2. 对保安应急行动的演练

船舶保安演练应测试船舶保安计划中的每个要素，包括对上述9类保安威胁和保安事件的反应。

(1)对船舶的损坏或破坏的应急行动。①启动保安警报系统。②全体船员听到警报后，立即携带自卫工具到主甲板或指定地点集合，点名，船舶保安员介绍有关情况。③立刻分组检查各组责任区。④向船长报告船舶损坏情况，船长向公司保安员和港口保安员或当局报告。⑤保护人员安全，控制事态的发展，避免损失扩大，必要时寻求第三方援助。⑥停止作业，停止人员上下船，只允许对保安事件应急反应的机构人员进入。⑦勘察和封锁现场及周围区域，指派人员对限制区域进行监护，采取补救措施，保证船舶安全。⑧船长就该事件向公司保安员及有关当局递交报告。⑨解除报警，复位船舶保安报警。

(2)对劫持或扣留船舶或船上人员的应急行动。①启动保安警报系统。②设法与公司保安员和附近保安当局联系。③弄清劫持者的意图、人数、国籍，记住其外貌特征。④隐蔽在安全处所，除生命受到明显威胁外，不要抵抗武装海盗。⑤尽可能保持与外界的联系。

⑥如果可能,采取切断照明等措施,拖延时间,等待营救。⑦在确保自身安全的情况下,制服恐怖分子,恢复正常。⑧船长就该事件向公司保安员及有关当局递交报告。⑨解除报警,复位船舶保安报警。

(3)对损坏货物、船舶设备、系统或船舶物料的应急行动。①启动保安警报系统。②全体船员听到警报后在主甲板集合,点名,船舶保安员介绍情况。③全体船员立即到各自的保安责任区进行检查。④船舶保安员得到报告发现异常情况,船长向公司保安员和港口设施保安员或当局报告。⑤应急小组人员到达现场勘察,组织人员抢险。⑥限制人员上下船,指派人员对限制区域进行监护。⑦顺利解决可疑问题后,恢复船舶正常操作。⑧船长就该事件向公司保安员及有关当局递交报告。⑨解除报警,复位船舶保安报警。

(4)对未经允许使用或进入船舶的应急行动。①全体船员听到警报后,在主甲板集合,点名,船舶保安员介绍情况。②全体船员按各自的保安责任区进行检查。③船舶保安员接到报告发现潜入(偷渡)者,船长向公司保安员和港口保安员报告。④大副带领应急小组人员,对潜入(偷渡)者采取强制性控制措施,收缴其随身证件等,然后选择安全可靠房间,对其分别监护,指定人员看管。⑤对现场拍照或摄像及物品封存后,组织人员对全船进行彻底检查,以防藏匿其他潜入人员。⑥查问潜入者,初步确认其身份、潜入途径及有无同伙等情况。⑦船长就该事件向公司保安员及有关当局递交报告。

(5)对武器或设备包括大规模杀伤性武器走私的应急行动。①启动保安警报系统。②全体船员听到警报后在主甲板集合,点名,船舶保安员介绍情况并提出要求:发现可疑物后不得触摸,不得移动,不得使用对讲机。③停止作业,停止人员上下船,只允许对保安事件应急反应的机构人员进入。④立刻分组搜查各组责任区。⑤验证货物、物料和备件是否与清单相符。⑥船舶保安员收到报告发现可疑物品,船长向公司保安员和港口保安员或当局报告。⑦现场勘察,封闭现场及周围区域,再次组织人员对全船进行彻底检查以防有更多的可疑物品。⑧船长就该事件向公司保安员及有关当局递交报告,寻求第三方援助。⑨解除报警,复位船舶保安报警。

(6)对使用船舶载运企图制造保安事件的人员和/或其设备的应急行动。①启动保安警报系统。②全体船员听到警报后在主甲板集合,点名,船舶保安员介绍情况。③验证货物、物料和备件是否与清单相符,限制登船,检查携带物品。④立刻分组搜查各组责任区,发现可疑物后不得触摸,不得移动,不得使用对讲机。⑤船舶保安员得到报告发现潜入人员(设备),向公司保安员和缔约国政府或港口保安员报告。⑥如果可能,将潜入者擒获并对其采取捆绑等强制性措施,收缴其随身证件等,然后选择安全可靠房间,对其分别监护,指定人员看管。⑦对现场拍照或摄像及物品封存后,应组织人员对全船进行彻底检查,以防藏匿其他潜入人员。⑧同时对潜入者进行查问,初步确认其身份、潜入途径及有无同伙等情况。⑨船长就该事件向公司保安员及有关当局递交报告。⑩解除报警,复位船舶保安报警。

(7)对使用船舶本身作为损坏或破坏武器的应急行动。①启动保安警报系统。②说服恐怖分子放弃恐怖活动。③立即与缔约国政府、港口保安员和公司保安员联系。④采取措施使船舶失去动力或使恐怖分子无法操纵船舶航行。⑤拖延时间,赢得第三方援助。⑥如果可能，控制恐怖分子，恢复正常操作。⑦船长就该事件向公司保安员及有关当局递交报告。⑧解除报警，复位船舶保安报警。

(8)对在港或锚泊时从海上发动攻击的应急行动。①启动保安警报系统。②全体船员听到警报后立即携带自卫工具(棍棒、消防斧等)到指定地点集合。③立即向公司报警，报告船位及所遇情况，寻求第三方援助。④使用鸣放汽笛、敲锣和呼喊等方式制造声势。⑤捣毁恐怖分子的登船工具。⑥警惕船舶四周，防止恐怖分子声东击西。⑦启动消防泵，用高压水枪阻止恐怖分子登船，直至恐怖分子离去。⑧船长就该事件向公司保安员及有关当局递交报告。⑨解除报警，复位船舶保安报警。

(9)对在海上航行时受到攻击的应急行动。①启动保安警报系统。②全体船员听到警报后立即携带自卫工具(棍棒、消防斧等)到指定地点集合。③立即向公司报警，确保船位及所遇情况，寻求第三方援助。④启动消防泵，用高压水枪阻止恐怖分子登船。⑤捣毁恐怖分子的登船工具。⑥警惕船舶四周，防止恐怖分子声东击西。⑦使用鸣放汽笛、敲锣和呼喊等方式制造声响。⑧采取适当措施摆脱恐怖分子。⑨船长就该事件向公司保安员及有关当局递交报告。⑩解除报警，复位船舶保安报警。

3. 实施船舶保安应急行动演练时应注意的事项

(1)模拟启动保安警报系统。

(2)解除报警，复位船舶保安报警(仅模拟动作即可)。

(3)所有完成的演练应记录在航海日志中。记录内容应包括涉及的人员、使用的设备及遇到任何问题的细节，并由船长签署。

(4)为确保船舶保安计划的有效实施，应考虑到船舶类型、船上人员的变动、所停靠的港口设施和其他相关情况，按适当的间隔期开展演习和演练。

(5)由公司保安员、港口设施保安员、有关缔约国当局以及船舶保安员参与的演习在18个月的间隔期内应至少每年进行1次。这些演习应测试通信、协调、资源共享和应答。演习可以采用的形式包括：全方位或现场；桌面模拟或专题讨论会；结合其他训练，例如搜救或应急反应训练。

(6)如果公司参与其他缔约国政府组织的演练则应经主管机关的认可。

【常见违规现象】

(1)触摸、移动可疑物，在可疑物附近使用无线电装置(参见图4–4)。

(2)海盗活动频繁水域遇到他船求救，盲目减速停车(参见图4–5)。

(3)没有对偷渡人员采取捆绑等强制性安全措施；没有选择安全可靠的房间，指定专人监护偷渡人员；没有对偷渡人员携带的物品进行搜查并封存；没有对偷渡人员进行询问，确认其身份、登船途径及有无同伙等信息(参见图4–6)。

(4)没有在3个月内完成全部9种保安演练；船岸联合演习超过18个月的间隔期(参见图4–7)；船舶保安演习流于形式，演习未针对具体的保安需要。

【常见违规现象】

(5)一次船员换班超过25%,没有在一周内进行保安演习;演习没有实际进行,记录作假(见图4-8)。

(6)船舶和公司不熟悉船岸保安演练的要求,不知道如何开展船岸保安演练。

(7)演习内容不符合ISPS规则和SSP要求,演习记录过于简单或不完整。

第四节 船舶保安检查与保安活动的审核、评审

要点

本节介绍了开展船舶保安检查活动的时机、要求与内容,详述了船舶保安活动内部审核的基本要求,指出了开展船舶保安活动评审与更新船舶保安计划的必要性。

必备知识

一 船舶保安检查

(一)保安检查要求

为确保船舶保安计划的有效实施,并确保其适合于船舶保安等级的需要,船舶应定期开展保安检查。船舶保安检查可以作为船舶定期保安评估的基础,以确定用以抵御船舶在港口、锚地和海上受到的潜在威胁的必要保安措施。

(二)保安检查的时机

在下列情况下,船舶应进行保安检查:

(1)公司保安员要求实施对本船的保安评估,以修订船舶保安计划。

(2)船舶即将航行于保安风险较大的水域,船长或船舶保安员认为有必要时。

(3)每季度定期进行。

(三)保安检查的内容与形式

1. 内容

船舶保安检查可以围绕以下几部分展开:

(1)甲板和船侧照明。

(2)登船通道控制。

(3)登船人员及行李控制。

(4)保安警报和通信系统。

(5)限制区域控制。

(6)货物装卸和船舶物料交付控制。

(7)应急计划和保安设备。

2. 形式

船舶保安检查可以采用检查表的形式，由检查人员对照检查表，检查本船在保安管理、保安措施实施等方面的情况及采取的对应措施。中国船级社在《船舶保安计划编制指南》中推荐使用的船舶保安检查表见附录三。

二 船舶保安活动的内部审核

(一)目的

船舶保安计划中关于对船舶保安活动进行内部审核的规定，旨在监测船舶保安体系的有效运行情况，审核和验证船舶保安系统和任何相关保安设备是否完全符合第XI-2章及ISPS规则的要求，以保证船舶保安计划持续有效。

(二)基本要求

(1)公司保安员应每年安排1次内部审核，检查船舶保安计划和船舶保安活动的实施情况。并注意以下事项：①安排内部审核的时间间隔不得超过12个月。②如果有必要，公司保安员可安排对船舶进行附加保安内部审核。③如果适合，船舶保安内部审核可与ISM规则的内部审核一起进行，但应编写独立的审核报告。

(2)当某一特定船舶的结构、应急反应程序、保安措施或操作或其他与保安有关的事项发生重大变更时，公司保安员也应安排对本船进行内部审核。

(3)内部审核活动不应影响船舶的正常营运活动，且在任何情况下不能影响船舶安全。

(三)内部审核员的选派及其任务

(1)船舶保安内部审核员应由公司保安员从具有适当资格的公司人员中选派，从事船舶保安活动内审和评审的人员应独立于所审核的活动。正常情况下，由公司岸基内审员登船实施审核；在岸基内审员不能登船进行审核的特殊情况下，可由公司委任该船经过培训并具有船舶内审员资格的人员审核，其具体做法与要求在委托书中说明。

(2) 船舶保安内部审核员应搜集和验证船舶保安计划的执行情况以及能证明文件化程序实施有效性的客观证据，包括对船舶保安设备的状况的一般性检查。

(四)内部审核程序

1. 公司应制定的船舶保安活动内部审核和评审的程序

公司应根据船舶和公司的实际情况制定具体的船舶保安活动内部审核和评审的具体程序，明确内部审核工作的职责以及对内审计划制订、实施、跟踪、检查等的要求和步骤。

2. 内部审核的基本程序通常包括以下步骤

(1)召开首次会议。在现场审核开始前，船舶领导、船舶保安员及相关人员参加首次会议。到会人员要填写“内审会议登记表”。内审员向参会人员宣布内审的目的、依据、范围、审核的内容、审核的日程安排、审核纪律和注意事项等。

(2)实施现场审核。审核员按照内审检查表的内容进行现场审核。审核员通过交谈、提问、抽样、查看相关活动记录等形式搜集合格或不合格的客观证据,并做好审核记录。

(3)确定不符合项与综合评价。在审核结束后,审核员应确定船舶存在的不符合项,并填写"内审不符合记录表",由船长或船舶保安员签字确认并填写纠正措施。内审员实事求是地填写"内审综合评价表",并由船长或船舶保安员签字确认。

(4)召开末次会议。现场审核结束后,审核员主持召开末次会议(参加人员与首次会议相同,并要填写内审会议登记表)。由审核员报告审核结果,宣读不符合项,对不符合项的纠正提出要求等。

(5)实施纠正措施及验证。一般不符合项纠正措施的实施期限不超过1个月,对发现的不符合项应立即纠正的,必须采取纠正措施,立即纠正。需岸基支持的公司相关部门必须给予保障。船舶应在限期内实施纠正措施,完成后内审员进行验证。

3. 内部审核可以参照以下原则开展活动

(1)通过面试检查船员是否熟悉本船保安计划中规定的本人应承担的保安职责,其中船长和船舶保安员为必查,其他船员可通过抽查方式进行。抽查范围不少于在船人员总数的20%,且其中必须包含至少1名应急小组成员。

(2)审核文件记录。检查船舶是否按照保安计划文件程序要求做好各项检查记录和评估,特别注意检查本船是否按要求填写了"保安声明"和按"保安声明"采取适当保安措施后的记录。

(3)审核培训、训练和演习记录。检查本船是否按船舶保安计划要求进行培训、训练和演习,是否对学习结果进行简短评估。

(4)现场检查,包括对船舶采取的保安措施的现场检查及对本船保安设备的一般性检查,从而获取对本船保安计划执行情况的总体印象。

(五)内部审核之后的工作

(1)完成船舶保安内部审核后,内部审核员应填写一份"船舶保安内部审核报告"。

(2)"船舶保安内部审核报告"至少包括以下内容:①船名、港口、审核日期。②审核方式及结果。③本船保安设备的操作状况。④总结本船船舶保安计划的实施情况,是否应对保安计划进行修正。

(3)"船舶保安内部审核报告"应提交公司保安员并留一份副本交船舶保安员保存。

(4)"船舶保安内部审核报告"应按要求在船上保存,并供下一次保安内部审核参阅。

三 船舶保安活动的评审

(一)船舶保安活动的评审至少应包括下列内容

(1)船舶保安检查和保安设备检查,重点检查船舶的保安设备、保安设施和保安硬件条件是否满足本船船舶保安计划要求,如保安设备状态是否正常、限制区域的标志是否清晰、照明灯具备品存量是否充足、限制区域锁闭和关紧装置是否有效等。

(2)检查本船保安措施的执行情况,如值班人员是否能按规定和程序要求控制登船点、保安巡逻人员能否按要求巡逻、应该陪同的来访者是否有人陪同等。

(3)本船自上次评审至今是否发生过保安事件。

(4)本船自上次评审至今是否因保安问题被船旗国或港口国的保安当局采取过任何

行政措施。

(5)本船自上次评审至今进行了几次培训,包括哪些内容。

(6)本船自上次评审至今进行了几次保安演习,结果如何。

(7)船员通过培训和演习能否熟悉自己的保安职责。

(8)船舶保安涉及的记录是否准确和保存完好。

(9)船舶保安计划在本船是否运行良好,执行保安计划过程中遇到什么困难。

(10)根据以上评审,是否应该对本船保安计划作出必要的修改,说明应如何修改。

(二)评审后的工作

(1)评审后,由船舶保安员填写"船舶保安活动评审表",经船长审阅签署后递交公司保安员,公司保安员应对船舶保安员的评审结果进行审阅,如果认为有必要修改本船船舶保安计划,应组织对本船进行重新评估。

(2)公司保安员应依据评估结果修改船舶保安计划,连同评估结果一起送交主管机关或经认可的保安组织审核,待审核批准后再在本船实施。

四 船舶保安计划的评审与更新

(一)船舶保安计划的评审

1. 评审期限

船舶保安员应在不超过12个月的时间间隔内对船舶保安计划的实施和执行情况进行一次评审,以评估本计划的持续有效性,以及是否需要进行必要的修改。

2. 评审条件

在发生下列情况下,应对船舶保安计划进行评审:

(1)本船发生船舶保安事件。

(2)在船舶保安审核中发现重大保安隐患。

(3)在船舶保安演习中发现存在重大保安隐患。

(4)公司保安员要求本船进行评审。

(二)船舶保安计划的更新

1. 更新条件

当保安体系运行中遇到下列情况之一时,应更新船舶保安计划:

(1)如果船舶保安内部审核结果显示有必要修改保安计划时。

(2)外部保安环境或法规的变化使得修改船舶保安计划成为必要,例如:国际反恐形势有变化时,国际公约有重大修正时。

(3)港口国或船旗国保安当局进行保安检查的报告要求修改船舶保安计划,例如:外审发现不合格项时。

(4)总经理或公司保安员认为必要时,例如:公司的组织机构、保安体系发生重大改变时。

(5)船舶发生重大保安事件并认为需要时。

(6)船名、船籍港变更及船舶结构有重大改变时。

2. 更新保安计划

需要对船舶保安计划更新时,公司保安员应组织对船舶重新进行船舶保安评估,在评估的基础上，向缔约国政府授权的主管机关递交更新计划的申请。

【常见违规现象】

(1)保安计划没有及时更新。(参见图4-9)

(2)船舶保安内审和评审流于形式，未起到发现不足，促进船舶保安管理的作用。

(3)船舶对保安内审和评审的具体要求不熟悉，内审和评审内容不符合SSP的要求。

(4)船上保安活动的记录只用中文，记录上未注明保密和保存期限的要求，而且这些记录和其他一般资料一起随意放置。

(5)船长/船舶保安员未经培训，或对公约/规则不熟悉，对保安计划不熟悉。

(6)未按规定开展船舶保安检查。

图4-9 保安计划的更新

第五章 船舶保安措施的实施与维持

船舶保安计划的核心是有效实施三个保安等级下的六项保安措施及操作。本章重点介绍了SOLAS公约第Ⅺ-2章与ISPS规则关于三个船舶保安等级及行动要求，详述了六项保安措施与操作的内容。六项保安措施与操作是针对以下船/港界面活动作出的：登船通道的控制、船上限制区域的控制、货物装卸的控制、船上物料交付的控制、无人照管行李的控制及监控船舶甲板及其周围区域的控制。

对仅接受船舶"保安意识培训"的人员，要求其掌握本章第一节的全部内容；对接受"负有指定保安职责船员培训"的人员，要求其掌握本章全部内容。

第一节 船舶保安等级及行动要求

要点

本节详述了三个保安等级的定义及保安等级的适用、改变、响应及通信联系的原则，介绍了各保安等级下船舶应采取的基本保安措施。

必备知识

一 保安等级及其划分

保安等级(Security Level)，是指企图造成保安事件或发生保安事件的风险级别划分。

ISPS规则将保安等级由低到高分为三级。

(一)保安等级1

保安等级1(Security Level 1),是指应始终保持最低限度的适当防范性保安措施的等级,即船舶和港口设施正常工作时的等级。

(二)保安等级2

保安等级2(Security Level 2),是指由于保安事件危险性升高而应在一段时间内保持适当的附加防范性保安措施的等级,即在保安事件发生风险性升高的整个阶段内,船舶和港口设施实施的等级。

(三)保安等级3

保安等级3(Security Level 3),是指当保安事件可能或即将发生(尽管可能尚无法确定具体目标)时,应在一段有限时间内保持进一步的特殊防范性保安措施的等级,即在一段时间内保安事件可能或即将发生时实施的等级。

二 保安等级的适用、改变、响应与通信联系

缔约国政府负责制定在任何特定时间实施的可适用于船舶和港口设施的保安等级。制定保安等级时,缔约国政府应全面和具体考虑威胁信息,为船舶或港口设施确定适用的三个保安等级之一。

(一)保安等级的适用

船舶与港口设施必须遵从缔约国政府规定的保安等级。任何时候,船舶的保安等级不低于其靠泊的港口设施的保安等级。

1. 当处于保安等级1时

应通过适当的措施并考虑到ISPS规则B部分的指导,在所有船上开展以下活动,以便针对保安事件确定并采取防范措施:

(1)确保履行船舶的所有保安职责。

(2)对登船予以控制。

(3)控制人员及其物品上船。

(4)监控限制区域,确保只有经过授权的人员才能进入。

(5)监控甲板区域和船舶周围区域。

(6)监督货物和船舶备品装卸。

(7)确保随时可进行保安通信。

2. 当处于保安等级2时

应考虑到本规则B部分的指导, 对保安等级1所列的各项活动实施船舶保安计划中规定的附加防范措施。

3. 当处于保安等级3时

应考虑到本规则B部分的指导, 对保安等级1所列的各项活动实施船舶保安计划中规定的进一步的特定防范措施。

(二)保安等级的改变

(1)保安等级可以从等级1改变至保安等级2再至保安等级3,但也可以从保安等级1直接改变至保安等级3。

(2)要求悬挂其国旗的船舶在另一缔约国政府的港口设定保安等级2或3的主管机关，应立即通知该缔约国政府。无论何时主管机关规定了保安等级2或3，船舶均应确认已收到关于改变保安等级的指令。

(3)当缔约国政府规定了保安等级2或3时，船舶在进入其境内的港口之前或在其境内的港口期间，应确认已收到指令并应向港口设施保安员确认已开始实施船舶保安计划所列明的适当措施和程序。在处于保安等级3时，应确认已开始实施规定了保安等级3的缔约国政府发出的指令所列明的适当措施和程序。船舶应报告在实施中遇到的任何困难。在这种情况下，港口设施保安员和船舶保安员应进行联络并协调适当的行动。

(4)缔约国政府应考虑如何快速发布保安等级改变的信息，主管机关可使用NAVTEX信息或航海通告通知船舶、公司保安员和船舶保安员有关保安等级改变的信息，也可使用其他快捷、更好的通信方式。

缔约国政府应建立通报港口设施保安员保安等级改变的机制。缔约国政府应编撰和保持一份名单，列出需要通知保安等级改变的有关各方。不必对保安等级特别敏感，但是对威胁信息可高度敏感。缔约国政府应仔细研究信息的类别和细节及其传送至船舶保安员、公司保安员和港口设施保安员的方法。

(三)船舶、港口设施处于不同保安等级时的响应

1. 缔约国应为在其领海内营运或已向其通报进入其领海意图的船舶规定保安等级并保持向其提供保安等级信息。

2. 如果船舶按其主管机关要求所设定的或已处于的保安等级高于其拟进入或已在港口的规定保安等级，船舶应立即将此情况通知港口设施所在缔约国政府的主管当局和港口设施保安员。应采取以下行动：

(1)船舶保安员应与港口设施保安员进行联络，对于这种特殊情况进行评估以协调适当的保安行动。

(2)依照评估结果商定双方各自应当采取的适当的保安措施，船舶采取的保安措施不得低于主管机关规定的相应保安等级的要求。

(3)制定和签署一份“保安声明”。

3. 船舶在进入缔约国境内的港口之前，或在缔约国境内的港口期间，如果缔约国政府规定的保安等级高于该船主管机关为其规定的保安等级，船舶应符合缔约国规定的保安等级要求。

4. 在任何时候，船长对船舶的安全和保安负有最终责任。如果有理由确信执行相应的指令可能危及船舶的安全，则即使在保安等级3时，船长也可要求澄清或修改对保安事件或其威胁而发给船舶的指令。

(四)通信联系

(1)缔约国政府应提供一个联络点，船舶能够通过该联络点请求建议或援助，并且能够向其报告关于其他船舶、动向或通信的任何保安问题。如果确定了存在攻击风险，有关缔约国应将以下情况告知有关船舶及其主管机关：当前的保安等级；按照ISPS规则A部分的规定；有关船舶为防止受到攻击而应采取的任何保安措施；沿岸国决定采取的保安措施，如果有的话。

(2)公司保安员或船舶保安员应尽早与船舶准备靠泊的港口设施保安员取得联系，以

确定船舶在该港口设施实施的保安等级。在已与船舶取得联系后，港口设施保安员应通知船舶有关港口设施保安等级的任何其后的变化并向船舶提供任何有关的保安信息。

三 各保安等级下船舶的基本保安措施

1. 船舶应根据自身的保安等级采取相应的保安措施

(1)当船舶和港口设施正常工作时，应采取保安等级1规定的最低限度的适当防范性保安措施。

(2)在保安事件发生风险性升高的整个阶段内，船舶应采取保安等级2规定的附加防范性保安措施。

(3)在一段时间内保安事件可能或即将发生时，船舶应采取保安等级3规定的特定防范性保安措施。

2. 应为之制定各保安等级下保安措施的活动

根据ISPS规则B部分的规定，船舶保安计划中应包括为下列活动在三个保安等级下制定相应的保安措施：

(1)船上人员、乘客、访问人员等进入船内。

(2)船上受限区域。

(3)货物装卸。

(4)船上物料交付。

(5)处置无人照管的行李。

(6)监控船舶保安。

【常见违规现象】

(1)船舶的保安等级低于港口设施的保安等级。(参见图5-1和表5-1)

(2)船舶无权自行更改船舶保安等级。(参见图5-2)

(3)保安等级记录不完整；船长或船舶保安员不知道缔约国政府保安等级的发布途径，对如何获取船舶保安等级信息并对保安等级响应要求不熟悉。

图5-1 港口设施保安等级高于船舶保安等级

表5-1 船舶保安等级备忘录

序号	时间	港口/海域	保安等级	变动原因
1	××××年××月××日	天津	1	
2		新加坡	2	
3		亚丁湾	3	防海盗

图5-2 船舶无权自行更改保安等级

第二节 控制进入船舶和船上限制区域的措施

要点

本节详述了可以成为登船通道的设施、船上限制区域的范围及三个保安等级下控制进入船舶及船上限制区域的措施。在拓展知识部分介绍了控制进入船舶和限制区域的保安操作要求。

必备知识

一 进入船舶应采取的保安措施

(一)登船通道

1. 登船通道

登船通道是指根据船舶保安评估确定的进入船舶通道的设施。ISPS规则B部分要求船舶保安计划应对所有进入船舶通道的设施制定相应的保安措施。

2. 可以成为登船通道的设施(参见图5-3、图5-4)

(1)梯子通道。

(2)跳板。

(3)门、窗、舷窗及舷门。

(4)系泊缆绳和锚链。

(5)克令吊和升降装置等。

图5-3 登船通道

图5-4 登船通道

船舶保安计划中应写明这些地点的具体位置并根据各保安等级采取限制或禁止措施。不同的保安等级应有不同的限制或禁止措施。

(二)保安措施

1. 保安等级1时,进入船舶应采取的保安措施

(1)检查所有登船人员的身份证明并通过检查联合命令、船票、登船通行证、工作许可等确认其登船的原因。

(2)与港口设施联系后,应确保指定的保安区域可以对人员、包裹(包括手提袋)、人员行李、车辆和其所载物进行检查。

(3)与港口设施联系后,船舶必须确保车辆装入车辆甲板、滚装船和其他客船之前根据SSP规定的频次进行检查。

(4)将已经检查过的人员及其行李与未经检查的人员及其行李隔离。

(5)将上船与下船人员隔离。

(6)识别需要保安或监管的通道以防止人员擅自进入。

(7)使用锁闭等办法关闭通往紧邻乘客和来访者区域的无人处所。

(8)对船上所有人员作出保安指示,告知可能的威胁和发现可疑人员、物体或行动的程序,以及保持警惕的必要性。

2. 保安等级2时，进入船舶应采取的保安措施

(1)安排人员在寂静之时进行甲板巡逻以防止人员擅自登船。

(2)限制船舶的进入通道，标明需关闭的通道及其保安措施。

(3)通过与港口设施联系，对船舶附近水域进行巡逻等以控制靠近船舶的水上通道。

(4)与港方联合建立船舶靠近码头附近的限制区域。

(5)加强对登船人员、行李和装船车辆的检查频次和力度。

(6)陪同船上的来访者。

(7)向船上所有人员作出附加的具体保安指示，告知任何已确定的威胁，强调报告可疑人员、物品或行动的程序及提高警惕的必要性。

(8)对船舶进行全面或部分搜查。

3. 保安等级3时，进入船舶应采取的保安措施

(1)只开放一个受控通道。

(2)只向负责应对保安事件或威胁的人员开放通道。

(3)停止上下人员、装卸货物、交付物料等。

(4)撤离船舶。

(5)船舶的移泊。

(6)对船舶进行全面或部分的检查。

二 对船上限制区域的监控

(一)限制区域

船舶保安计划中应规定船上限制区域的范围、时效，以及控制通往限制区域通道的保安措施、限制区域内部活动等。

1. 建立限制区域的目的

(1)阻止擅自进入。

(2)保护乘客、船员、港口设施内人员及其他机构授权的登船人员。

(3)保护船上敏感的保安区域。

(4)保护货物和船上物料免遭破坏。

2. 限制区域的范围

限制区域包括但不限于以下处所：

(1)驾驶台、A类机器处所以及SOLAS公约第II–2章规定的其他控制站。

(2)装有保安、监控设备和系统及其控制、照明系统的处所。

(3)通风换气系统和其他类似处所。

(4)淡水舱、淡水泵舱及其管系所在处所。(参见图5–5)

(5)装有危险货物或有害物质的处所。

(6)装有货物泵及其控制的处所。

(7)货物处所和船舶物料处所。

(8)船员舱室。

图5-5 限制区域

(9)通过船舶保安评估确定的为维持船舶保安必须限制进入的其他处所。

船舶保安计划应确保所有限制区域有明确的控制方法和实际措施，并应规定所有受限区域必须清楚标示，标明“相关通道受限，擅自进入违反保安规定”。

(二)适用于船舶限制区域的保安措施

1. 保安等级1时应采取的保安措施

(1)锁闭或关紧通道口。

(2)在该区域内使用监控设备。

(3)安排警卫或进行巡逻。

(4)使用自动闯入探测设备以向船上人员发出未经准许进入的警报。

2. 保安等级2时应采取的保安措施

保安等级2时，应加强对船舶限制区域监控的频次、密度和对进入限制区域通道的控制，确保只有经过批准的人员才能进入。SSP还应制定适用的附加保安措施，包括：

(1)在通道口附近建立限制区域。

(2)连续监控监视设备。

(3)在受限区域增加人员站岗和巡逻。

3. 保安等级3时应采取的保安措施

保安等级3时，船舶应遵守负责应对保安事件或威胁的人员的指令。SSP应详细制定与这些人员和港口设施密切合作时船舶应采取的保安措施，可包括：

(1)在船上发生保安事件的区域附近或可能对保安构成威胁的地点新增限制区域，并封锁通道。

(2)对限制区域进行搜索。

扩展知识

一 控制进入登船通道的保安操作

(一)登船通道开启的决定

船长负责决定登船通道开启的位置和数量，船长在作出决定时应考虑船上所有操作需要、潜在的保安影响、保安人员的分配以及所处的保安等级，以保证船舶的正常作业。

(二)进入通道/门的控制职责

船舶保安员负责组织如下工作并向船长报告船舶的总体保安情况：

(1)在船舶甲板上巡逻，观察船舶周围任何活动情况，包括舷外和码头区域。

(2)定期检查船舶所有的门是否关闭或开启，船侧开口及其相关的保安设施是否完好。

(3)检查艏楼和其他甲板区域，确认是否存在任何未经许可的船舶通道被打开。

(4)全面检查以确保所有被开启的通道是由与工作有关的部门人员负责管理。

(5)检查所有逃生路线上闭锁的门，确认从逃生方向出入没有钥匙也能打开。

(6)值班人员或特地增加的保安人员应提高警惕、坚守岗位、勤巡逻、尽职尽责。(参见图5-6)

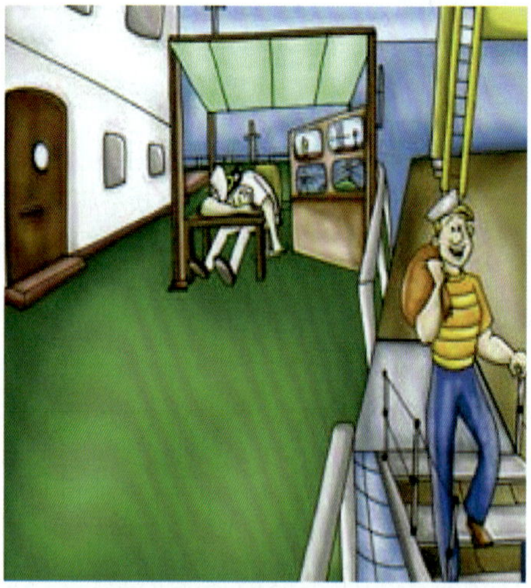

图5-6 梯口值班人员未履行职责

(三)对通道的控制要求

(1)负责执行通道控制的部门负责人应确保所有的值班人员有足够的休息时间。值班人员无论任何情况、任何时间、任何原因都不得离开这些值守通道，直到有人接班。

(2) 甲板部应按要求管理所有出入通道门以支持船舶保安员和指定的保安人员履行职责。值班驾驶员应协助船舶保安员以确保提供足够的人力，保护所有的船舶人员进入通道的安全。

(3)舷梯保安是船舶保安员和指定的保安人员的首要职责。

(4)船舶保安员应和码头经营者商定保安措施,包括保安守卫和栅栏装置。

(5)公司应根据船上可能的登船通道给出各通道具体的操作控制要求。

二 控制进入船上限制区域的保安操作

(一)船上限制区域及其标志

(1)在考虑船舶实际情况与船舶保安评估的基础上,通常以下区域可定为限制区域:驾驶室、机舱、舵机间、集控室、液压泵控制间、应急发电机间、电脑室、船员生活区、医务室、保安办公室等处所。

(2)除了指定为限制区域的区域之外,实践中,空调机间、蓄电池室、CO_2间、氧气及乙炔储藏间、饮用水柜测量孔、透气孔和加水孔、油漆间等处所为船舶易受攻击的区域,平时应保持锁闭。

(3)船上的限制区域应清楚标示,警示标志应清楚地标明“限制区域,不得擅入”。

(二)限制区域的保护

(1)所有可以加锁的限制区域均应加锁保护,只有经许可进入的人员才拥有钥匙。

(2)每次保安巡逻均应检查限制区域,并在航海日志中简要记录。

(3)只有船公司的工作人员才可以进入限制区域。其他人员包括随船人员、承包商、商贩和其他访客必须经过船长许可才可进入限制区域。

(4)除非船长或船舶保安员另有指示,本船人员在任何时候均可进入生活或履行其职责所必须进入的任何限制区域。

(5)登船执行公务的政府官员为执行任务需要,可进入任何限制区域,但应由有权进入该区域的本船船员陪同。除非在应急情况下,比如进入某区域具有重大危险,此时船长可同意执行特殊任务的政府官员单独进入。

(三)钥匙控制

(1)船上钥匙的发放实行严格控制,特别是万能钥匙。确保只有有权进入某一区域的人员才能拥有该区域的钥匙。

(2)船长有权决定采取措施以保护全船所用的锁具。

(3)所有的钥匙由大副管理和记录。应标明所有的钥匙包括万能钥匙及其他出入通道控制系统(如钥匙卡)的控制位置和钥匙持有人;对钥匙的发放应有一份完整记录并及时更新,所有发放出去的钥匙均应由领用人签字认领。

(4)船员离职时应将钥匙交给接班人员并在交接班报告中书面列明;若无接班人员,应将钥匙交还大副并由大副在钥匙发放记录上登记。

(5)限制区域的钥匙,如果丢失或被窃应采取如下措施:①立即向船舶保安员报告,采取适当的行动以确保所述区域的锁闭以及防止未经允许的进入。②若有充分理由证明该钥匙落入水中并无打捞可能，大副可为其发放新钥匙。③若钥匙失落原因不明，如果方便可立即更换该钥匙所能打开的锁，否则应加强对该钥匙所能打开的锁闭区域的监控。④对钥匙丢失或失窃负有责任的人，在24 h内应向大副提交一份陈述丢失或失窃情况的书面报告。⑤若必要，对丢失或失窃钥匙的调查完成后向船长提交结果、结论和建议。⑥如果发生了盗窃案，船长应尽快向公司保安员提交一份报告。

【常见违规现象】

(1)淡水加水孔没有得到有效的控制；货舱区域没有得到有效的控制；淡水加水孔附近没有限制区域的标志牌。(参见图5-5)

(2)全船钥匙没有得到有效的控制；钥匙管理混乱，明显短缺；作为保安记录的钥匙清单没有采取保密措施；钥匙清单陈旧，未更新。(参见图5-7)限制区域的钥匙丢失后没有向船长报告。

(3)机舱重点限制区域没有得到有效控制；修船期间，机舱检修没有安排专人陪同；限制区域的标志牌破旧。

图5-7 钥匙控制

第三节 监控甲板区域和船舶周围区域的措施

要点

本节详述了监控船舶的方法及三个保安等级下监控甲板区域和船舶周围区域的措施。在扩展知识部分介绍了实施船舶保安监控操作的要求。

必备知识

一 监控船舶方法

(1)船舶应具备监控船舶自身、船上的限制区域和船舶周围区域的能力。此种监控能力可能包括采用:①照明。②人员值班、保安和甲板值班,包括巡逻。③自动闯入探测设备和监控设备。

(2)自动闯入探测设备使用时应能在有人或监控区域启动听觉和/或视觉警报。

(3)船舶保安计划应规定各保安等级时要求的程序和设备,以及确保监控设备持续有效运行的方法。

二 各保安等级下监控船舶的措施

(一)保安等级1时应采取的保安措施

(1)船舶保安计划应规定包括照明、值班人员、保安人员或使用保安和监控设备在内的保安措施,使监控人员能观察到船舶的总体面貌特别是栅栏和限制区域。

(2)在夜间或能见度低的情况下,当进行船/港界面活动、靠泊或抛锚作业时,应确保对船舶甲板和船舶进入通道给予必要的照明。

(3)考虑到现行国际海上避碰规则的规定,船舶航行时应使用安全航行的最大照明。

(4)在建立有关等级和照明点时,应考虑下列因素:①船上人员应能观察到船舶两侧的情况。②覆盖区域应包括船上和附近区域。③覆盖区域应便于在通道处对人员的检查。④覆盖区域还可通过与港口设施协商决定。

(二)保安等级2时应采取的保安措施

保安等级2时,船舶保安计划应制定加强监控和监视能力的附加保安措施,包括:

(1)增加保安巡逻的频次并扩大范围。

(2)扩大照明的覆盖范围,增加使用保安监控设备。

(3)增加保安值班人员,确保与水上巡逻艇、岸上人员和车辆巡逻的协作。

(4)应加强照明,防范严重威胁安全事件发生的风险。

(5)若有必要，可要求港口设施提供额外的岸侧照明。

(三)保安等级3时应采取的保安措施

保安等级3时，船舶应遵守负责应对保安事件或威胁的人员的指令。船舶保安计划应详细制定与这些人员和港口设施密切合作时船舶应采取的保安措施，可包括：

(1)打开船上或附近的照明。

(2)打开监视设备监控船上和附近的活动。

(3)最大限度地延长此类监控设备的连续使用时间。

(4)准备对船体进行水下检验。

(5)采取包括船舶螺旋桨低速旋转在内的措施，防止他人从水下接近船体。

扩展知识

一 船舶保安监控的职责

船舶在以下状态，船长应决定采取与保安状况相适应的船舶保安监控措施：

(1)船舶航行保安威胁程度较高的水域。

(2)船舶在港作业。

(3)船舶在锚地。

(4)其他通过保安检查和评估认为需要监控的状态。

二 船舶保安监控区域

船舶保安监控的重点区域主要应包括船舶限制区域、易受攻击的区域以及船舶周围区域，包括可能的登船通道。其保安监控措施包括：

(1)开启保安照明。

(2)安排保安值班人员进行甲板值班包括巡逻。

(3)航行中用雷达、望远镜等设备对海面可疑目标进行仔细搜索。

(4)启动听觉和/或视觉警报，例如对可疑目标鸣汽笛警告、探照灯照射警告等。

三 甲板和船内灯光照明

(1)在夜间或能见度低的情况下，进行船/港界面活动、靠泊或抛锚作业时，应确保船舶甲板、船尾区域和通道口的照明。

(2)船舶在码头、锚地或航行途中，甲板和船舷在黑暗中或能见度不良时，均应按照保安等级以及船长的判断适当地给予照明，但不应影响航行灯或安全航行。

四 保安巡逻

保安巡逻由船舶保安员组织和安排，主要检查船舶及其周围的保安状况。保安巡逻的程序如下：

(1)船长和船舶保安员根据当时保安形势商量决定巡逻频次，船舶保安员负责安排巡逻人员。

(2)巡逻应以不定时的时间间隔进行。

(3)保安巡逻人员和值班人员应能与值班驾驶员和船舶保安员保持有效联系。

(4)巡逻人员应巡视包括船壳外侧在内的船舶各个区域,特别要注意检查每个限制区域,若该区域处于锁闭状态,应检查其锁闭情况,观察所巡逻区域的任何可疑情况。

(5)发现任何可疑迹象,不要擅自处理,应立即报告船舶保安员。

(6)若巡逻中发现有未经授权的人进入限制区域,应视情况对其进行搜查,确认其未破坏限制区域内的任何设备和物件。若进入者属于允许登船人员,应在有人陪同下将其带往指定工作场所,同时报告船舶保安员。若进入者属于未经授权登船人员,应立即报告船舶保安员,通知港口设施保安当局进行处理。

(7)若巡逻中发现保安状况有被破坏的迹象,如钥匙被撬,不要擅自处理,更不能破坏现场,应立即通知船舶保安员对保安状况进行检查,必要时报告港口设施保安当局。

五 保安信息通报

根据适用的保安等级,向所有的船上人员发布可能发生的威胁,报告可疑的人、物、活动物,并提高警觉性。

第四节 监督货物和船舶物料装卸的措施

要点

本节详述了三个保安等级下对货物装卸、船舶物料交付时的控制措施。在扩展知识部分介绍了具体的保安操作要求。

必备知识

一 对货物装卸应采取的保安措施

(一)货物装卸保安措施的作用

涉及货物装卸的保安措施应能:

(1)防止对货物的破坏。

(2)防止非船舶预定装载的货物装载、储存在船上。

(二)保安措施要求

(1)必须包括在通道入口处对清单进行控制的程序。

(2)装船后,应有办法鉴定货物是否系批准装船的货物。

(3)应制定保安措施确保货物装船后不受破坏。

(三)各保安等级下的保安措施

1. 保安等级1时应采取的保安措施

(1)在装卸之前和装卸期间对货物、货物运输工具和货物存放区域进行常规检查。

(2)检查确认装船货物与单证所载品名是否相符。(参见图5-8)

图5-8 货物装卸

(3)与港口设施联系，确保对所有拟装船的车辆在装船之前已根据船舶保安计划规定的频次要求进行了检查。

(4)可以通过目视和实地检查、使用扫描/探测设备、机械设备或警犬对货物进行检查。

(5)如果要定期、批量转移货物，公司保安员或船舶保安员可与港口设施当局协商，与承运人或其他货主在异地检查、封箱和签署有关单证。该安排须通知港口设施有关人员并得到其同意。

2. 保安等级2时应采取的保安措施

保安等级2时，船舶应制定货物装卸时适用的附加保安措施，包括：

(1)详细检查货物、货物运输工具和货物存放区域。

(2)加强检查确保货物正确装载。

(3)对将要装上运车船、滚装船和客船的车辆实施严格搜查。

(4)增加检查封条或其他预防破坏措施的频次和细节。

(5)可以通过加强目视和增加实地检查的频次和力度，增加使用扫描/探测设备、机械设备或警犬的频次对货物作进一步检查。除已有的程序外，与承运人或其他方一起加强保安措施。

3. 保安等级3时应采取的保安措施

保安等级3时，船舶应遵守负责应对保安事件或威胁的人员的指令。船舶保安计划应详细制定与这些人员和港口设施密切合作时船舶应采取的保安措施，可包括：

(1)停止货物装卸。

(2)验证船上危险货物和有害物质清单(若有)及其装载位置。

二 对交付船舶物料应采取的保安措施

(一)船舶物料交付保安措施的作用

(1)确保船舶物料和包装的完整性。

(2)防止接收未经检查的船舶物料。

图5-9 船舶物料交付

(3)防止破坏。

(4)防止接收未经预订的船舶物料。(参见图5-9)

对经常使用港口设施的船舶,可以建立包括船舶、供应商和港口设施在内的通知、交递单据时间的程序。应始终有可以确认的机制,确保装船的货物附带证明。

(二)各保安等级下的保安措施

1. 保安等级1时应采取的保安措施

保安等级1时,船舶应规定交付船舶物料时的保安措施,包括:

(1)在装船之前进行检查,确认船舶物料与清单相符。

(2)确保立即对船舶物料的堆放采取系固等保安措施。

2. 保安等级2时应采取的保安措施

保安等级2时,船舶应制定交付船舶物料时适用的附加保安措施,包括接受物料之前的核查和加强检查。

3. 保安等级3时应采取的保安措施

保安等级3时,船舶应遵守负责应对保安事件或威胁的人员的指令。船舶应详细制定与这些人员和港口设施密切合作时船舶应采取的保安措施,可包括:

(1)对船舶物料进行更详细的检查。

(2)限制或停止船舶物料装船。

(3)拒绝船舶物料装船。

扩展知识

一 货物装卸过程的保安操作

船舶保安计划中规定了船舶货物装卸过程中的保安操作要求,以确保:防止对货物的破坏;防止船舶非预期的货物装载和储存,从而避免因货物因素导致保安事件的发生。

(一)职责

(1)船长和大副负责核实待装货物与装货清单的一致性,并确保只有许可的货物才能装船,若有不一致,拒绝装船。

(2)船舶保安员负责组织对货物装卸作业进行监控。在可疑情况下,联系港口设施保安员、托运人或其他相关方安排货物详细检查。

(3)值班驾驶员负责按大副装卸货的指示,进行货物装卸过程中的监视和货物单元的常规检查,并确保装船货物完好无损。

(4)如果与托运人或其他负责方面签订的协议中涵盖了异地检查、封箱、排期和提供单证等内容,公司保安员或船舶保安员应将该协议通知港口设施保安员并得到其同意。

(二)货物装卸控制要求

1. 货物区域的控制

(1)所有装货区域在开始操作前应进行检查。

(2)航行中禁止进入货物区域。

(3)装卸货期间,严禁未经授权的人员进入装货场所。

(4)进入危险货区域应受严格控制。

(5)货物处理设备在不使用期间应系固良好。

2. 货物装卸控制

(1)船长在装货前,应检查托运人或租船人的书面货物资料,以确定待装货物对船舶和卸货港口的安全性,有任何疑议应报告公司和货物相关方。

(2)值班驾驶员在货物装卸之前和装卸期间对货物、货物运输单元和货物区域进行常规检查,确认装船货物与装货单所载品名相符。

(3)检查封条或其他防止破坏的方式,确保装船货物未经任何变动。

(4)在开始货物处理运作之前要对所有的货物和运输货物装置进行检查,看是否携带有武器、军火、易燃易爆物、毒品和违禁品。对货物检查可以通过目视、实地近观或用扫描/探测仪器、机械装置或犬只,对至少25%的已装载货物进行随机检测。

(5)根据载货单随机检查集装箱空箱的识别号和非集装箱装载的货物。

(6)与港口设施部门密切联系,保证指定比例的交通工具被装载到运车船、滚装船和客船上,装载前应进行检查。

3. 船上危险货物或有害物品清单及其位置

(1)若船上装有危险货物或有害物质,应列出其品名和积载地点清单,对其存放地点应进行严格监控,根据其货物性质及本船保安状况,在必要时指派专人看管。

(2)所有危险货物或有害物品的装载、堆装、卸载均应由大副在现场监督,并根据其装船情况及时建立和更新清单。

4. 可疑货物的处理

(1)一旦发现船上有可疑货物,应立即停止货物装卸作业,报告大副、船舶保安员和公司保安员。

(2)船舶保安员与港口设施保安员联系,请求协助进行更详细的全面检查。

(3)配合应急反应机构和港口设施保安员,全面核查船上装载的危险货物及其位置,并配合应急机构根据应急机构的相关指令对可疑货物进行处理。

(4)按"非法行为的报告"规定予以报告。

二 船舶物料交付的保安操作

(1)物料交付之前,公司应将供应商名称、地址、联系人、联系电话及传真号码等相关资料及所订购的物料清单及时提供给船上。

(2)供应商在交付物料之前,应提前通知船舶,说明送船的日期和具体时间。

(3)确认物料备品与船上或公司所提供的订购清单相符,经验收检查无误后方可上船,若有不符应拒绝接收。

(4)根据适用的保安等级,在装载之前,检查物料的包装完整性,确保物料未被破坏和夹带其他物品。

(5)根据适用的保安等级,对所有的物料进行外观和物理上的检验,包括使用扫描/探测仪器、机械装置或犬只对已装载货物进行随机检测,看是否携带有武器、军火、易燃易爆物、毒品和违禁品。

(6)船舶物料接收后,应及时系固堆放;在储存之前,应确保有专人看管,以防物料被人破坏。

(7)船舶物料交付之后应储存在限制区域内。

三 船舶油料的交付

(1)船舶油料交付之前,应检查所加油的品种、牌号和数量与订购品种、牌号和数量是否相同。

(2)根据适用的保安等级,安排专人履行加油期间的保安值班,确保加油的整个过程得到有效监控。

【常见违规现象】

(1)装货前,船长没有确定待装货物的安全性;船长和大副没有核对待装货物与装货清单的一致性;装运危险品时,大副没有在现场监督(参见图5-8)。

(2)接收船舶物料时,没有及时通知船舶保安员;备件物料上船前,没有与订购清单核对(参见图5-9);对可疑备件物料没有采取相应的保安措施。

第五节　对登船人员及其个人物品的控制措施

要点

本节介绍了船舶需要保护的登船人员及无人照管行李的范围，详述了三个保安等级下对登船人员及其行李应采取的保安措施。在拓展知识部分重点介绍了对登船人员及其行李的搜查与身份识别的保安操作要求。

必备知识

一　对登船人员应采取的保安措施

(一)需要重点保护的人员

船舶通常需要重点保护的人员包括船舶人员、乘客、来访者、卖主、机修工、港口设施人员等。

(二)各保安等级下的保安措施

三类保安等级下，对登船人员采取的保安措施适于本章第二节“进入船舶应采取的保安措施”。

(三)对各保安等级下的保安计划要求

(1)对各保安等级，船舶保安计划都应建立开放进入船舶通道的识别方法并使船上滞留人员不成为威胁源。

(2)可以采取具体措施制定相关的船舶识别系统并向船上人员和访问者分别签发永久或临时通行证。该识别系统应与适用港口设施的相应系统相互协调。

(3)乘客应出示登船证件、船票等证明，除非有人监控，否则乘客还是不得进入限制区域。

(4)船舶保安计划中必须建立规定，确保系统及时更新，并对滥用程序者予以纪律处分。

(5)不愿或不能证明其身份和/或确认其登船目的的人员不能登船，并应向船舶保安员、公司保安员和港口设施保安员以及国家和地方有关保安当局报告该类事件。

(6)保安等级1时，所有准备登船的人员应服从搜查。已批准的SSP中应明确规定这类搜查的内容，包括随机搜查的频次，并且应经主管机关的批准。搜查最好由港口设施方面与船舶密切合作并在船舶最近区域进行。除非有明显保安方面的理由，船员之间不得相互搜查人身和行李。任何这类搜查应充分考虑尊重人权和保护基本的个人尊严。

二 对无人照管行李应采取的保安措施

(一)无人照管行李

无人照管行李,是指在检查或搜查点乘客和船上人员并未随时携带的任何行李,包括包裹等个人物品。

(二)保安措施要求

船舶保安计划中应制定相关保安措施以保证:

(1)无人照管行李在装船之前经过识别、扫描检查以及搜查。

(2)没有必要对行李分别进行船上和港口检查,若都有检查设备,最终应由港口设施方负责检查。

(三)各保安等级下的保安措施

1. 保安等级1时应采取的保安措施

保安等级1时,船舶保安计划中应规定处置无人照管行李时适用的保安措施,以确保所有无人照管的行李经过100%的检查,包括X射线的检查。

2. 保安等级2时应采取的保安措施

保安等级2时,船舶保安计划中应规定处置无人照管行李时适用的附加保安措施,包括对所有无人照管行李进行100%的X射线的检查。

3. 保安等级3时应采取的保安措施

保安等级3时,船舶保安计划应详细制定与这些人员和港口设施密切合作时船舶应采取的保安措施,可包括:

(1)至少从两个不同的角度使用X射线进一步检查行李。

(2)限制或停止对无人照管行李的处置。

(3)拒绝接受无人照管的行李装船。

扩展知识

船舶保安计划中规定的对登船人员和行李的保安操作的要求主要包括以下内容:

一 搜查的程序

(1)船舶保安员根据适用的保安等级,根据自己的专业判断力对拟登船的人员进行搜查。任何不愿接受搜查的人可拒绝其登船。搜查应该在港口设施与船舶的紧密合作下进行,可以采取随机搜查的方式。

(2)所有带上船舶的物件都会受到控制、监管、检查和搜查,任何不愿接受搜查的人可拒绝其登船。

(3)每个登船的人,包括访客、承包人和船员都要受到检查,确认是否携带武器、军火、易燃易爆物、毒品等随身物。

(4)根据适用的保安等级要求,对随身物品进行检查。

(5)可以在船上或与港口设施协调指定一个安全的区域用于检查人员、行李(包括随身行李)、个人财产、交通工具及其内部物件。

(6)除非有明显保安方面的理由,船员之间不得相互搜查人身和行李,任何此类搜查应充分尊重人权和保护基本的人格尊严。

(7)已检查的人员和财物应该与未检查的人员和财物分隔开来。

(8)与港口合作共同保证所有单独的交通工具在装上客船时已经被检查过。

二 人员进入的一般要求

(1)除了本船正常开放的登船通道和临时登船通道外,其他潜在登船通道一律不许人员上下。

(2) 船舶保安员应在正常登船点明显公告说明以下内容:①所有上船人员请出示证件,接受检查或搜查。②登上本船视为同意接受检查或搜查。③禁止武器、毒品或其他违禁物品上船。④无关人员禁止登船。

(3)凡是不遵从上述要求的个人应拒绝其上船,并及时报告给相关的授权人员,包括船舶保安员、公司保安员、港口保安当局等。

三 身份识别

(一)船员身份识别

(1)所有的船上人员都应有公司签发的有效身份识别证件,该身份识别证可用耐用材料做成,并能防止篡改,船舶保安员应建立船上人员资料库。

(2)船员招聘是由公司指定的适当的人事代理进行的。所有预备的雇员都要接受背景调查或者可以在被雇用前提交文件上的证明。

(二)公司身份识别证及其控制程序

(1)船舶保安员负责派发公司的身份识别卡,发放的对象为船员和所有经公司保安员批准的人员。

(2)如果任何持有公司身份识别卡的人员合同到期或终止,在收到离船通行证之前或在身份识别证到期之时,识别证应收回。

(3)船舶保安员负责发放因遗失而需重新申领的公司身份识别证,在此之前责任部门应对事件进行适当的调查,并在发出新证之前向船舶保安员呈交一份调查报告。

(4)如果公司身份识别证再次丢失,公司会按程序向个人发出正式的书面警告信。

(三)访客通行证及其控制程序

1. 签发访客通行证的形式及控制

(1)船员的访客进行探访时,在船长批准后由船舶保安员向访客发出通行证。

(2)对承包人、服务商和港口代理等访客可以发放访客通行证,船舶保安员在核实其身份和登船理由后方可发出访客通行证。

(3)访客在船期间应佩戴访客通行证,离船时应交回保安值班人员。

(4)对因业务需要需多次出入船舶的访客,船舶保安员可向其发放短期通行证,船舶保安员应采取措施防止该通行证被非授权使用。

(5)船长有权批准在任何特殊情况下的通行要求。

2. 访客通行证执行程序

(1)访客通知要在船舶到达访客港之前尽早提交给船舶保安员。

(2)访客到达舷梯时,其有效的政府照片身份证明会被扣留,取而代之的是访客通行证。

(3)所有访客在签名领取通行证前应被清楚告知发出通行证的条件。

(4)对未持有公司永久身份识别卡的公司职员,必须在舷梯等候船舶相关的部门代表,并由他们陪同整个在船上的活动。

(5)负有保安职责的船员要在船舶离港之前确认每个还没上交的通行证并向船舶保安员汇报情况。船舶保安员应保证所有的公务人员和其他访客在离港前已经全部上岸。任何丢失的通行证应被记录并采取必要的行动。

(6)若保安值班人员发现个别人员通行证有疑问,应知会船舶保安员或值班驾驶员。

(7)访客在船上一般不允许从事商业活动,除非是公司已批准的特别安排。

(四)装卸工人身份识别及其控制

(1)装卸工人的身份识别和控制是码头经营者的职责,但船舶拥有对登船装卸工人进行检查的权利。

(2)公司保安员和船舶保安员应作最大努力保证港口对职员身份识别有足够的控制和对港口限制区域的出入控制。

(3)装卸工人在船上的活动应限制在指定的工作区域,不允许在船舶的其他地方自由走动。若发现他们在其他非授权区域走动,应进行查问并将他们送回指定的工作区域。

(4)装卸工人不允许使用船上的船员餐厅设施。

【常见违规现象】

(1)接班人员未进行登记即登船;港口官员未进行登记即登船。

(2)代理等与船舶有业务往来的人员,因熟悉而未进行登记即登船;值班人员未带领登船人员前往其访问人员的房间。

(3)梯口值班人员见到公司领导等人,未进行登记即让其登船;梯口值班人员对公司领导等人员随身携带的物品未进行检查。

(4)值班人员未佩戴明显标志;值班人员未鉴别出登船人员冒用他人证件;值班人员未能识别出登船人员证件已过期。

(5)值班人员在值班期间擅离岗位,梯口无人值班。

(6)值班人员让登船人员自己填写“登船人员记录簿”;值班人员未对所有来访人员逐个登记。

(7)值班人员未能拒绝不能确认身份的人员登船;有无理纠缠人员登船未向船舶保安员报告。

(8)值班人员未能保持有效的保安通信;值班人员在值班期间做与值班无关的事;光线不足时,没有保持良好的照明。

第六章 船舶防海盗及武装劫持

受国际政治经济环境的综合影响，自2008年以来，在亚丁湾、索马里海域商船遭遇海盗劫持并勒索赎金的事件骤然增多，海盗这一古老的犯罪行为呈现出愈演愈烈之势，严重威胁着船舶、财产和船上人员的安全，给全球航运经济发展带来了重大损失，引起了国际社会的高度关注。为此，联合国安理会先后通过第1816、1838、1846、1851、1897和1950号等决议，授权各国根据《联合国宪章》第七章采取行动，可以在索马里境内"采取一切必要的适当措施，制止海盗行为和海上武装抢劫行为"。STCW公约马尼拉修正案也新增了确保海员得到防海盗及武装劫持培训的规定，并明确了培训与训练的强制性最低要求。因此，本章重点介绍了船舶防止海盗及武装劫持船舶的措施、设备及系统以及应对海盗袭击的具体措施，以提高船员防范海盗袭扰和袭击的技能，确保船上人员、船舶及货物运输安全。

对仅接受船舶"保安意识培训"的人员，要求其掌握本章第一、第三、第四节必备知识的内容；对接受"负有指定保安职责船员培训"的人员，要求其掌握本章全部内容。

第一节 船舶保安等级及行动要求

要点

本节详述了海盗行为及武装劫持船舶的定义、现代海盗的类型及典型的攻击方式、索马里沿岸的海盗情况、政府及船公司等相关人员防海盗及武装抢劫船舶的责任、联合国安理会及国际海事组织打击海盗及武装劫持船舶的行动及措施。

必备知识

一 海盗的定义

(一)国际法意义上的海盗行为

海盗行为是危害人类共同利益的国际犯罪行为，目前，规制海盗问题最为重要的国际公约是《1958年日内瓦公海公约》和《1982年联合国海洋法公约》，两公约对海盗行为作了完全相同的界定。根据《1982年联合国海洋法公约》第101条的规定，下列行为中的任何行为构成海盗行为。

(1)私人船舶或私人飞机的船员、机组成员或乘客为私人目的，对下列对象所从事的任何非法的暴力或扣留行为，或任何掠夺行为：在公海上对另一船舶或飞机，或对另一船舶或飞机上的人或财物；在任何国家管辖范围以外的地方对船舶、飞机、人或财物。

(2)明知船舶或飞机成为海盗船舶或飞机的事实，而自愿参与其活动的任何行为。

(3)教唆或故意便利上述行为的任何行为。

据此，可将国际法上的海盗罪总结为：私人船舶或飞机上船员、机组成员或乘客为了私人目的在公海或任何国家管辖范围以外的地方对另一船舶或飞机或该船上、机上的人或财物非法使用暴力、扣留或其他掠夺的行为。

(二)国际海事局关于海盗和武装劫持的定义

国际海事局(International Maritime Bureau，IMB)将海盗和武装劫持定义为："有明显的实施偷盗或其他犯罪活动的意图，并且在完成该活动中有明显意图或有能力使用武力，进行登船或企图登船的活动。"可见，国际海事局是把所有在海上发生的登船劫持或暴力事件皆归纳为海盗行为，而不论肇事的地点是在公海或领海范围内。

实践中，调查统计海盗案件的数量因上述海盗行为定义的不同产生了很大的差异，为此，国际海事组织海上安全委员会于2000年12月20日发布了第984号通函(MSC/Circ.984)：《调查海盗和武装劫持船舶罪行实用规则》(Draft Code of Practice for the Investigation of the Crimes of Priacy and Armed Robbery Against Ships)，明确了海盗行为(Piracy)与武装劫持船舶(Armed Robbery Against Ships)的定义，并将此两种行为都列入统计海盗案件的数字中。其中海盗行为的定义采用了《1982年联合国海洋法公约》中的定义，将武装劫持船舶定义为：除了海盗行为以外，任何非法的暴力行为或扣押或任何掠夺行为，或是威胁，无论直接针对船舶、人员，或此船舶上的财物，并在一国可以对此行为行使管辖权的范围内(2005年~2016年上半年全球海盗袭击事件数量见表6-1)。

表6-1 2005年~2016年上半年全球海盗袭击事件数量

年度	2005	2006	2007	2008	2009	2010
次数	276	239	282	306	406	445
年度	2011	2012	2013	2014	2015	2016年上半年
次数	439	297	264	245	246	98

二 现代海盗的类型及特点

海盗是未受任何国家及政府授权，擅自航行海上，以劫掠财物或对人实施暴力行为为目的的人员或组织。其类型主要包括以下三种：

（一）小股海盗

通常由4到10人组成，其驾驶快艇对船舶实施攻击。他们惯用的手法是先用钩子钩住船只栏杆或外弦，上船后立即对船员实施抢劫并洗劫船上的货物及金钱。这种海盗是以抢劫财物为目的，属于游击性质。他们往往先侦察船只是否有利可图且是否容易得手，一般在得手后迅速逃离现场。此类海盗攻击大都发生在内海甚至海岸线附近，并在每年全球海盗攻击案例中占据多数。

（二）属于有组织犯罪团伙的海盗

这类海盗在实施海上掠夺前通常有详细的计划，并具有牢固的基地和来自可靠渠道的情报，从而可以实施谨慎的有计划攻击。他们有大量的先进武器，并以现代化的通信方式，与世界各地的犯罪集团甚至恐怖分子联系，随时获得商业信息。

此类海盗会杀害船员并劫持船舶，属于比较危险的类型。他们在作案时往往会伪装成地方政府执法船只，以例行检查为名强行登船，或者驾驶快艇在货船后高速追赶。有些海盗船联合行动，看起来更像是海上舰队。除了海上远程船只，一些停泊在港口内、近岸的货船也会成为该类海盗洗劫的目标。

他们通常会对所劫持的船舶进行翻新，改变烟囱标志、更改船名、船籍港、修改发动机出厂编号，然后重新配备船员，伪造船舶文件，并航行到其他港口将货物和船舶卖掉。

（三）属于分离主义者或恐怖分子的海盗

此类海盗属于一种混合体。他们或实为某分离主义组织与恐怖主义组织的成员，或受这些组织的操纵与控制，其目的是将劫掠的钱财用来资助恐怖行动和分离运动，或者以海盗身份从事恐怖活动。

这类海盗主要活跃在阿拉伯水域、斯里兰卡海域、印度尼西亚苏门答腊岛北方靠近亚齐附近海域及靠近南菲律宾海域。他们属于世界上最凶残的海盗，惯用的作案手法是把全体船员杀害后将船只开到隐秘地点，重新油漆，更换船名，再度注册后变成所谓的“幽灵船”，或连同货物一起卖出，或用来作为走私人口和贩卖毒品的工具。此类案例虽然在整个海盗案例中比例很小，每年只有几起左右，但其危害性最大。

三 典型的海盗攻击

(1)海盗通常使用“母船”(一般是拖网渔船)，带两艘或多艘航速在25 kn、配备机枪和火箭筒等武器的开敞小艇，对过往商船发动袭击。他们经常从船尾两舷靠近目标船，并且似乎更喜欢从左舷船尾登船(参见图6–1)。

(2)海盗“母船”用以运载人员、设备、补给和小的攻击艇，使海盗能在离岸更远的区域发动袭击。

(3)海盗将他们的小艇紧贴受袭的船舶，以便让一名或多名武装海盗登船。海盗一般

图6-1 海盗登船方式

会用绑有挂钩的绳子，或使用轻便长梯从一侧爬上受袭船舶。一旦登船，海盗一般会径直冲向驾驶台，从而控制整个船舶。一旦控制了驾驶台，海盗会要求船舶减速或停船，以便让更多的海盗登船。

(4)海盗袭击会发生在一天当中的大部分时间，然而，海盗袭击更可能发生在黎明时分。在夜晚海盗也会发动袭击，但并不常见。

(5)海盗通常会使用轻型武器及火箭弹(RPG)来胁迫船长放慢船速或停船以便让更多的海盗登船。无论是在多么困难的情况下，非常重要的是保持船舶全速前进，或尽可能增加航速，并采用机动操车抵御海盗袭击。

四 索马里沿岸的海盗情况

(一)索马里的地理位置

位于非洲大陆东部，紧邻亚丁湾，是从印度洋通过红海和苏伊士运河进入地中海及大西洋的咽喉要塞，号称“非洲之角”。

(二)索马里沿岸海盗的兴起与发展

索马里是东非最贫穷的国家之一，经济十分落后，自1991年以来一直战乱不断，使这个非洲之角的国家陷入了彻底的无政府状态，各地被不同派系、不同部族的武装组织割据，相互之间混战不断。这不仅使该国国内失去了正常的秩序，也大大削弱了其对领海和专属经济区的控制力。在这种情况下，各国渔船纷纷涌入索马里海域捕捞金枪鱼，外国货船也肆无忌惮地在索马里海域倾倒废弃物，造成索马里渔业资源濒于枯竭，一些失业渔民开始向海盗转型，最后越来越多的失业者开始向往海盗生活。对于索马里人来说，海盗成了一种低成本、高收益的职业。据统计，海盗每劫持一艘船平均可获100万至200万美元，海盗提出的赎金更是高达2 500万美元。这种迅速致富的暴力经济模式对当地贫困的年轻人来说，无疑具有非常大的诱惑力。

索马里拥有非洲最长的海岸线，靠海一带目前至少有数千名海盗，分属25~30个规模不等的海盗集团。近年来，随着国际护航力度的加大，各种不同源头的海盗集团也加强了联合，这也是索马里海盗得以做大的重要原因。

2008年，索马里以东海面和亚丁湾水域累计发生111起海盗袭击事件，2009年在索马里地区发生的海盗劫持事件达到了217起，一些国际援助组织的运粮船也经常成为海盗袭击的目标，这直接危及到索马里境内数百万饥民的生存。索马里沿海地区海盗活动日渐猖獗，被IMB列为世界上最危险的海域之一。

根据国际海事局公布的数据，2011年全球海盗袭击事件共发生439起，而发生在索马里附近水域的有237起。其中45艘船只被劫持，海盗登上176艘船只，向113艘船只开火，并试图对105艘船只发动袭击。2011年共有802名船员被扣为人质，较2010年的1 181名有所减少；8名船员被杀害，与2009年相同(具体数据见表6-2)。2012年起，索马里海域海盗袭击事件总体呈下降趋势，2015年索马里地区未发生海盗袭击事件。

表6-2　2008年~2012年(前3个月)索马里及亚丁湾海盗袭击事件数量

年度	2008	2009	2010	2011	2012　前3个月
次数	111	217	219	237	36

(三)索马里海盗活动呈现出新的趋势

目前，在索马里及亚丁湾海域，国际海军有近20艘军舰长期布防。在这种情况下，海盗仍然屡屡得手，劫持成功率大幅度提高，这说明海盗活动变得更加疯狂。2009年7月，中国海事局发布公告表示，海盗活动呈现出以下新趋势：

(1)海盗活动由亚丁湾海域向索马里以南的印度洋远海转移，以规避多国海军的护航区域。

(2)海盗活动由白天转为夜间进行，海盗使用的武装设备设施不断升级。

(3)海盗劫持目标不再限于船舶与货物，劫持船员也成为海盗勒索赎金的主要方式之一。

(4)西非海域，特别是尼日利亚沿海海域海盗问题日趋严重。

(5)海盗袭击地点距海岸越来越远。

进入2011年以来，有证据表明，索马里海盗已经开始把被劫持的商船、渔船及独桅帆船当做“母船”(参见图6-2)，这不仅扩大了索马里海盗的作案水域，更有利于海盗掩盖其身份以规避军舰的检查。他们发动袭击的时间向全时域发展，只要有机可乘，在深夜、白天，甚至在印度洋季风期等天气状况不良时也会对船舶发动袭击。海盗的作案手段比以往更加残忍和狡猾，以往海盗劫船一般图财而不害命，近来在一些国家武力反劫持和营救人质行动刺激下，海盗开始杀害人质。海盗的装备越来越精良齐全，他们将大量赎金用来购买武器装备，拥有包括母船、高速快艇、自动步枪、榴弹发射器、GPS定位仪、无线电通信器材、海事卫星电话及海面搜索雷达等。索马里海盗活动已经进入网络化的高级阶段，劫掠海域不断扩大，设伏突袭，袭击地点随商船通航情况而变化，袭船手段正由“单打独斗”向集群团伙扩展。海盗以往是零星出击，现在则多是集中5至8艘快艇，采取分组配合、分工合作、分向围攻的方式对船舶实施集群化攻击。

图6–2 海盗母船与子船

五 政府、公司及指定人员防海盗及武装抢劫船舶的责任

（一）对海盗的管辖和惩治

为了同在公海上发生的违反国际法、侵犯人类利益的罪行进行斗争，国际上很早就形成了针对这种罪行的普遍管辖制度。在国际海洋法中，被置于普遍管辖下的国际罪行是海盗行为。根据《1958年公海公约》和《1982年联合国海洋法公约》的规定，为了维护公海的法律秩序，所有国家应采取措施并尽最大努力进行合作，以制止在公海上或在任何国家管辖范围以外的任何其他地方的海盗行为。每个国家都有权扣押海盗船舶（参见图6–3）或飞机或为海盗所夺取并在其控制下的船舶或飞机，以及逮捕船上或机上人员并扣押船上或机

(a)

(b)

图6–3 海盗船

上财物。扣押国法院可以判定其应处的惩罚。扣押海盗船舶和飞机,只可由军舰、军用飞机或其他有清楚标志可以识别的为政府服务并经授权的船舶或飞机实施。可见,上述两个公约中,关于制止、惩治海盗行为的规定构成防止和惩治海盗罪的一般国际法规则。

(二)沿海国政府在防海盗及武装劫持船舶方面的责任

(1)应根据水域内海盗攻击的类型、地理位置及犯罪手法的统计,评估海盗攻击船舶的性质,对过往船舶提出建议性措施。

(2)应建立一套船舶遭遇海盗攻击事件时的指挥命令系统及运作反应程序,以便与相关单位的联系及合作。

(3)应及时搜集整理海盗袭船案件的信息与资料并通知相关单位。

(4)应在打击海盗方面与其他国家建立合作协定、合作巡逻与联合演习制度。

(三)公司及指定人员在防海盗及武装劫持船舶方面的责任

船公司、船舶经营人、船长及船员有义务采取行动保护自己和船舶免受海盗和武装劫匪的伤害。船舶在经过海盗曾经出没的水域之前,船公司、船舶经营人、船长、船舶保安员等相关人员必须收集该水域海盗情况的确切信息。当船舶在有海盗和武装劫匪出没水域中航行时,他们负有以良好船艺采取防范措施的最终责任。防范措施的制定需要考虑到船员遭遇海盗或持械劫匪囚禁时和之后的人身安全。

扩展知识

一 联合国安理会的行动

(一)CSNU第1816号(2008)决议

针对索马里海盗活动猖獗的严峻形势,2008年6月2日联合国安理会(CSNU)一致通过1816号决议,表示安理会将根据《联合国宪章》第七章采取行动,制止索马里领海和沿岸公海的一切海盗和武装劫船行为。1816号决议是联合国安理会为维护国际社会的共同利益对现行有关海盗罪国际法规则加以完善和发展的一个重要的国际性文件。

安理会第1816号决议的第7段,是该决议的核心内容。它明确规定:任何其他国家在2008年6月2日决议通过以后的6个月内,都可以与索马里过渡联邦政府合作来打击索马里海盗。这些国家参与打击海盗的方式,既包括"进入(enter)索马里领海,以制止海盗及海上武装劫持行为",而且还包括"在索马里领海内(within the territorial waters of Somalia)采用一切必要手段(all necessary means),以制止海盗及武装劫持行为"。

(二)CSNU第1838号(2008)决议

联合国安理会于2008年10月7日一致通过了关于索马里海盗问题的第1838号(2008)决议,呼吁关心海上活动安全的国家积极参与打击索马里沿岸公海的海盗行为和海上武装劫持船舶的行为。

本决议各项规定仅适用于索马里局势,不影响会员国在任何局势中根据国际法所具有的权利或义务或责任,包括《1982年联合国海洋法公约》所规定的任何权利或义务,尤其强调不得将本决议视做确立习惯国际法。

(三)CSNU第1846号(2008)决议

联合国安理会于2008年12月2日通过了第1846号(2008)决议,决定从即日起延长各国打击索马里海盗12个月的授权,同时呼吁联合国为打击海盗发挥协调作用。

(四)CSNU第1851号(2008)决议

2008年12月16日联合国安理会通过了第1851号(2008)决议,不仅承认以前决议中对外国军队在获得索马里过渡政府允许情况下可进入索马里领海打击海盗活动的授权,还授权有关国家和国际组织在必要情况下可以从事地面反海盗活动。

(五)CSNU第1897号(2009)决议

近几年以来,海盗袭击区域不断向索马里以东、塞舌尔附近海域扩展,尽管有20多个国家和国际组织的40多艘军舰在亚丁湾、索马里海域护航,但仍难以保证航经船舶和人员的安全。为此,各国纷纷增派护航舰艇,加大护航力度。2009年11月30日,联合国安理会举行公开会议通过了第1897号决议,将在索马里海域打击海盗和武装抢劫行为的授权延长12个月至2010年11月30日。

(六)CSNU第1950号(2010)决议

2010年11月23日联合国安理会通过了第1950号决议,决定应索马里过渡联邦政府的请求,将各国在索马里沿海打击海盗的授权从即日起延长12个月。决议指出,由于支付的赎金不断增加,以及军火禁令未能得到执行,索马里沿海的海盗活动变得更加猖獗,安理会呼吁所有国家,根据本国法律将海盗行为定为犯罪,并积极考虑按照国际法起诉海盗嫌犯,并监禁罪犯。安理会还敦促各国同国际刑警组织和欧洲刑警组织合作,进一步调查参与索马里沿海海盗行为的国际犯罪网络,并对资助、策划和组织海盗行为或从中非法牟利的人进行调查和起诉。

二 国际海事组织打击海盗和武装劫持船舶的措施

(一)MSC86次会议有关海盗和武装劫持船舶的通函

国际海事组织海上安全委员会第86次会议于2009年5月27日至6月5日在英国伦敦召开,103个成员国、2个联系会员(中国香港和法罗群岛)、2个联合国专门机构(世界气象组织和国际劳工组织)的代表以及39个政府间和非政府间组织的观察员出席了会议。

MSC86通过了MSC.1/Circ.1332-1335四份通函:

(1)MSC.1/Circ.1332《索马里水域海盗和武装劫持船舶事件》(*Piracy and Armed Robbery Against Ships in Waters off the Coast of Somalia*)。

(2)MSC.1/Circ.1333《政府防止和镇压海盗和武装抢劫船舶的建议》(*Recommendations to Governments for Preventing and Suppressing Piracy and Armed Robbery Against Ships*)。

(3)MSC.1/Circ.1334《船舶所有人、经营人、船长、船员防止和镇压海盗和武装抢劫船舶指南》(*Guidance to Shipowners and Ship Operators, Shipmaster and Crew on Preventing and Suppressing Acts of Piracy and Armed Robbery Against Ships*)。

(4)MSC.1/Circ.1335《在亚丁湾和索马里海域阻止海盗的最佳管理措施》(简称"最佳管理措施")(*Best Management Practices to Deter Piracy in the Gulf of Aden and off the Coast of Somalia Developed by the Industry, BMP*)。

(二)MSC89次会议有关海盗和武装劫持船舶的决议

2011年5月11日至5月20日，国际海事组织在伦敦召开了第89次国际海事组织海上安全委员会大会，会议通过了MSC.324（89）号决议——《实施最佳管理措施的指南》(*Implementation of Best Management Practice Guidance*)，呼吁全面实施反击海盗的措施。会上许多代表团指出，可以鼓励船方有效实施"最佳管理措施"的要求，但不能将行业标准强制要求船方执行，这一观点得到会议认可，写进了《最佳管理措施的执行》的大会决议草案中。这个决议未来可能会升格为一项大会决议，以此作为对联合国大会请求国际海事组织采取行动的回应。

(三)MSC海上安保和反海盗工作组采取的措施

国际海事组织海上安全委员会海上安保和反海盗工作组于2011年9月13日至9月15日在国际海事组织总部伦敦召开会议，通过了下列海上安全委员会(MSC)发布的通函：

(1)MSC.1/Circ.1408《关于港口国和沿岸国有关在高风险海域航行船舶上使用私人雇佣合同制武装安保人员的临时性建议》(*Interim Recommendations for Port and Coastal States Regarding the Use of Privately Contracted Armed Security Personnel on Board Ship in the High Risk Area*)。

(2)《关于船旗国有关在高风险海域航行船舶上使用私人雇佣合同制武装安保人员的临时性建议》(*Revised Interim Recommendations for Flag States Regarding the Use of Privately Contracted Armed Security Personnel on Board Ship in the High Risk Area*)。

(3)MSC.1/Circ.1405/Rev.1《关于船东、船舶运营商和船长在高风险海域航行船舶上使用私人雇佣合同制武装安保人员的临时性指南》(*Revised Interim Guidance to Shipowners, Ship Operators, and Shipmasters on the Use of Privately Contracted Armed Security Personnel on Board Ship in the High Risk Area*)。

上述临时建议对使用私人雇佣合同制武装安保人员(PCASP)并不是强制的，由船旗国独立地决定PCASP的授权，如果船旗国允许采取此项措施，则由船旗国负责发放授权证书。使用PCASP并不能被认为是取代"最佳管理措施"以及其他保护措施的行为。

第二节　防止海盗武装劫持船舶的措施

要点

本节详述了当前海盗活动的主要区域、船舶防范海盗袭击的7项准备工作、锚泊/系泊时的防海盗措施、航行时的防海盗措施及船舶驶离海盗频发区域的行动。

必备知识

一 海盗活动的主要区域

根据近年来国际海事局的统计，海盗袭击事件已遍及世界绝大部分近海水域——西非海岸、东非索马里附近水域、红海和亚丁湾一带、印度次大陆沿岸、孟加拉湾沿岸和整个东南亚水域、加勒比海区域等，是当今全球公认的六大海盗多发区。

二 船舶防范海盗袭击的准备工作

船舶防范海盗要坚持在确保船员安全的前提下保护船舶、财产及货物的安全。船长、船员在防海盗行动中应遵循“早准备、早发现、早报告、早抗击”及“预防为主、自防自救与他救相结合”的原则，严格履行防海盗岗位职责。实践证明，船舶及早发现和判断海盗迹象并时刻在敏感水域保持警戒尤为重要，报告海盗袭击情况与求助是现场处置的重要手段之一；阻止海盗登船是反海盗成功的关键；一旦海盗登船，机智灵活地予以处置应以确保船员人命安全和减少损失为原则，尤其是面对危险性极大的武装海盗时。船舶防范海盗袭击的准备工作主要包括以下环节。

（一）收集海盗活动的信息

针对海盗活动区域、规律及作案特点经常有所变化的情况，各船船长和船舶保安员应注意收集国际海事组织、国际海事局（IMB）海盗报告中心、海事安全中心——非洲之角（MSCHOA）、英国海上贸易组织（UKMTO）、国家海事局、船东协会、美国及欧盟有关机构等发布的海盗活动信息，掌握船舶所在海域和港口海盗活动的规律、范围、袭击方式、使用武器的种类等最新信息，充分做好防海盗准备工作。国际反海盗信息在C站的EGC上每天0000 UTC都有最新的广播，船舶应正确设置C站以接收最新的信息（IMB海盗报告中心的网站见图6-4）。

图6-4 IMB海盗报告中心网

(二)对预定航次上的海盗威胁进行风险评估

船舶应对本航次航行区域的海盗威胁进行风险评估，除了考虑海盗活动的区域、规律、攻击目的和方式外，还应重点关注船速、船舶干舷、气象海况、货物种类、船舶通信、消防设备等关键性设备的工作状态，防海盗设备及器材的配备情况，外部支援的可行性和及时性等因素，在此基础上制定并落实本船防海盗措施及海盗袭击事件应急处理工作。

船长及船员应充分认识到船舶低速、低干舷、配员少、警戒级别低、应急反应速度慢及自我保护措施不足都是海盗袭击容易得逞的普遍规律。

(三)航次计划的制订与执行

(1)制订航次计划时应综合考虑气象、海况、航速和船舶干舷等因素。实践证明，速度在15 kn以上、干舷超过8 m的船更能够成功防范海盗登船。

(2)考虑到船舶因避免在高风险区锚泊而须保持航行状态的因素，应适当增加燃油、淡水及船用物料的储备。

(3)选择通过海盗活动区域的时间。通常，夜晚通过海盗活动区域的风险相对较小，但并不是所有海盗袭击事件都发生在白天。目前索马里及亚丁湾水域的海盗袭击事件已扩大到全时域。

(4)海盗袭击商船过程中，往往在高频公用频道上进行长时间干扰，以阻止商船与军舰之间求救信号的发送与接收。因此，船长及船员应事先掌握各种遭遇海盗袭击时的报警方式和报警途径，避免单一报警形式的局限性。

(5)执行航次计划应特别注意以下事项：

①申请海军护航的船舶在集结处淌航或锚泊等待，此时更易受到海盗攻击。因此要控制抵达集结处的时间，并加强瞭望和防范。

②如果港外锚地比航经区域遭遇海盗袭击的风险更大，应事先通过代理与港口当局沟通，尽快安排船舶靠泊计划，以避免在港外锚地锚泊。

③船舶挂靠经常遭遇海盗袭击的港口，应配备经验丰富的船员，配备电子设备，增加雷达、夜视设备，安装闭路电视系统、远红外探测报警设备，以提高船舶视觉值班能力。

④目前欧盟海军已对商船开通非洲之角海上安全中心网站，并建议所有通过亚丁湾、索马里海域的船舶在此登记注册，并公布船速、抵达“国际推荐通航走廊”东西两端的时间、航向、通信方式等船舶资料，其可以帮助各国海军迅速跟踪、了解和掌握相关船舶动态，方便在紧急情况下军舰与商船间的快速联络和援救。

(四)航线设计建议

(1)新加坡和马六甲海峡东行时，在遵守分道通航制相关规定的同时，应尽可能选择靠近中央分隔带的航线。

(2)航行于东南亚水域时，尽量远离印度尼西亚岛屿和水域，如果有条件，保持在50 n mile之外通过。

(3)东西航行通过亚丁湾时，应选择中国海军的护航航路，同时申请中国海军护航；或选择欧盟联合舰队推荐的航路走廊，并保持与联合舰队的密切联系。

(4)航行于索马里东部或东南海域时，如果有可能，应选择沿60°经线及塞舌尔群岛以东航行，保持与索马里沿岸不少于600 n mile的距离。

(5)如果可能，船舶航线应避开狭窄的航道或岛礁区；如果不可避免，应加强巡视，做好防海盗准备。

(6)其他水域航行时应尽可能选择习惯航路或推荐航路。

(五)编制一份应急通信计划

建议船舶编制一份应急通信计划，计划中应包含所有必要机构的联系方式以及事先准备好的信息，包括我国护航军舰、附近联合巡逻舰队和应急联络机构、航运公司等。计划应随时可用或永久性地显示在电台的操作台上，同时备好各种情况下中、英文报警电文，以便在紧急情况下能够及时有效地发出报警信息。

(六)设置船舶防海盗安全舱室

安全舱室是指船舶保安状况受到威胁或破坏的情况下，船员退守并能维持基本生活、保证安全的应急避难场所。

为了提高我国国际航行船舶防范海盗能力，保障我国财产和船员生命安全，2011年1月我国海事局出台了《中国籍国际航行船舶防海盗安全舱室功能设计指导意见》，指导船舶设置防海盗安全舱室，避免或减少海盗劫持船舶的可能性，争取营救时间。

安全舱室的设置应满足隐秘性原则、安全性原则、一致性原则。安全舱室应至少满足能够便于有效防止海盗进入、能够满足船员基本生存需求、能够保障与外界通信畅通、能够维持必要卫生健康条件等基本功能需求。

安全舱室的布置应综合考虑船舶结构、船员数量及安全舱的功能需求等因素，进行合理布置。应尽可能考虑方便船员对船舶关键设备进行适当控制，以避免或削弱其他人员对船舶进行控制或操纵的可能性。可以由其他舱室兼做安全舱室。安全舱室的布置应在有关文件中进行详细描述。

安全舱室应配备应急照明系统、个人防护设施、食品、饮用水、储存各类废弃物或排泄物的容器、必要的药品、适当的通信设备。对安全舱室内设备、设施、出入口、通风等，船员应在安全舱室内对其进行有效控制。对船舶操纵设备、主推进装置或发电机等关键设备，船员应能在安全舱室内对其进行适当监控、控制或能削弱、延缓外部的控制。

安全舱室配备的设备、设施、食品、药品等应保持适当的维护保养，以保证其维持必要的功能。船员进入安全舱室后，食品及饮用水应由专人负责管理，分配时应考虑个人需求及在安全舱室内可能停留的时间。船舶应制定《安全舱室撤离程序》，并进行适当的演练。

(七)防海盗培训和演练

在进入海盗活动高风险水域前，船舶应根据所航行区域海盗的特点和本船实际情况编制一份防海盗应急预案。该预案内容应包括：船舶防海盗组织结构、功能及职责，防海盗措施、抗海盗袭击方法和一般程序、人员分工、撤退至防海盗安全舱室的行动预案等。船舶应根据预案的内容举行一次防海盗培训与演练，使全体船员熟知其在防海盗袭击中的岗位职责和行动要求，并能熟练使用船上的监视、探测仪器和各种防海盗专用设备。

扩展知识

一 锚泊/系泊时的防海盗措施

(一)值班与巡逻

(1)锚泊时保持驾驶台24 h有人值班,无论锚泊或系泊,除正常作业人员外,安排甲板巡逻人员及有资格的人负责电台值守。

(2)在海盗活动猖獗的海域锚泊期间,驾驶台、船首和船尾值班船员应互相配合,加强瞭望和巡视值班。发现可疑小船靠近本船时,用手提信号灯直照该船,迫使其远离本船。

(3)结合船舶特点设计合理的多种巡逻路线图,注明应巡逻的位置、时间间隔、需携带的设备、与驾驶台的联系与报警方式。

(4)巡逻人员每组不少于2人,穿戴相应的防护设备,携带无线电话,发现异常情况立刻通知驾驶台。巡逻时要避免被海盗发现巡逻规律。

(5)经有关主管机关的审核,船舶可以聘任当地专业保安组织参与船舶防海盗值班,但要防止海盗的内应上船。

(二)通道控制

(1)靠泊时仅留一个供人员上下船的通道,并保持该通道一直有人监控。必要时,可以与码头商量只有在有人上下船时才安放和布置通道,其余时间将通道封闭。

(2)在有可能发生海盗袭击的区域停泊时,应限制、记录和控制所有被允许登船的人员,可以对登船人员进行拍照和摄像,以威慑有不良意图的登船者。

(3)梯口应始终保持有人值班,必要时保持舷梯处于可用状态。甲板上所有储藏间、油漆间、工作间的门都应锁闭或焊死。

(4)严格控制进入生活区的通道,保留一个通往生活区甲板通道的畅通,其他的门全部紧闭。所有进入机舱的门都要上锁,舵机房通往甲板的门应从内部紧固。紧固锚链孔挡板,以防海盗从锚链孔登船。

二 航行时的防海盗措施

(一)加强航行值班警戒

(1)加强驾驶台雷达值守。两部雷达应当同时打开,一台远距离扫描,一台近距离监控。特别是要加强对船舶尾部和雷达盲区附近水域的监视。应当充分利用雷达对船舶附近的小船进行监视。可以把与船舶保持平行同速航行的小船或尾随船舶的小船作为疑似袭击者,进行重点监视(可疑船只见图6-5)。

图6-5 可疑船只

(2)加强视觉瞭望。海盗袭击船舶很多都是从船尾开始的,应当在船尾增派船员瞭望。

(3)加强船舶在高危海区夜航时的安全管理和巡查,确保船舶重要部位的安全。当船舶在高危海区夜航时,船舶一般要安排值防海盗班。

(二)检查关键性设备

(1)提前检查主机、辅机、舵机、锅炉、消防泵和应急消防泵等设备,确保处于良好的工作状态。开启海水阀,使甲板上的消防水管水压充足,随时可用。

(2)提前给对讲机或便携式VHF无线电话包括其备用电池充电;安装好并测试驾驶台、船首、船尾有线通话系统(若有);在满足国际避碰规则要求的前提下,开启甲板及舷外照明灯。确保保安报警和内部警报系统处于正常工作状态。

(三)加强通信值班并做好报警准备

(1)加强通信值班,保证在情况紧急时可以迅速发送求助信息。在船舶即将进入或已经在袭击高危海区时,船长应当确保无线电通信设备在任何时间内都有专人在值班,且设备状况良好。

(2)确定并事先准备好应急报警的样表和联系方式,控制或限制船舶相关信息的对位发布,减少船舶被跟踪的机会。确保所有船员熟知遭遇海盗袭击时的报警信号。

(四)做好阻止海盗登船的准备

(1)尽量准备废铁块、玻璃瓶等。尚未开航的船舶在港内可寻找和储备一些石块、砖头等,准备一些灌满汽油或燃油的啤酒瓶,适时堆放在甲板适当的位置。

(2)准备好强光手电、应急火箭、信号发射枪、太平斧、木棍、铁棒、卸扣、刀具和其他工具,用于解除海盗的绳梯挂钩。有条件的情况下可准备防弹头盔、防弹背心、红外线夜视望远镜、大功率探照灯、激光耀眼系统、高频声波装置(声波炸弹)等。

(3)甲板栏杆和船壳上部涂以滑油或牛油,在船舷绑上汽油桶等,可以增加海盗登船的难度。

(4)布置消防水龙和水枪,关闭锚链水。保证船舶主甲板、艉甲板和驾驶台的消防水龙和水枪连接通畅和稳固,将水枪设置成水柱状态。在操作水枪的位置安置个人防护装置。

(五)通道控制

(1)保证一至两个生活区通往甲板的通道通畅,且通道的门能够及时紧闭,其他的门全部紧闭。主甲板或艉甲板通往上一层甲板的楼梯应设法临时性阻断。生活区的各个舷窗必须关上并扣紧。

(2)封闭所有货舱、物料间及机舱通往尾甲板的出口。

第三节　船舶防海盗及武装劫持的设备和系统

要点

本节详述了《最佳管理措施》(BMP)推荐的防海盗设施、船舶应配的防海盗器材及船公司自行研制的主要防海盗设备。

必备知识

近几年来,尽管有多国军舰在亚丁湾和索马里沿岸加强巡逻、编队护航,但是索马里海盗不断创新袭击手段、拓展作战区域、更新武器装备,配置了包括自动步枪、榴弹发射器等致命性武器,袭击、劫持过往船只,严重威胁着船舶与船员的安全。因此,有效防范海盗,除了依靠护航编队作为强大后盾外,关键在于船舶与船员的自我防御。

目前,国际海事组织并未规定船舶配备防海盗系统、器械的类型与标准。实践中大多数航运公司是根据《最佳管理措施》关于防海盗器械和装备的建议并结合船舶实际情况自行研制开发并配备防海盗设备和防护装置。

一 《最佳管理措施》建议的防海盗设施

《最佳管理措施》是根据防范海盗袭击的经验而制定的,并将根据海盗袭击方法的改变不断进行修订。其建议船员能利用身边通常能即刻使用的设备,进行力所能及的防海盗准备工作。对经常航行于高风险区域的船舶,建议船东应采取更多的防范措施,配备额外的防范设备和/或人员,以进一步降低海盗袭击的风险。

目前,《最佳管理措施》已于2011年8月更新至第四版(BMP4),这一文件已成为船东和船长们穿越海盗高危海域的基石。

(一)加强值班警戒的设备

(1)确保有足够的双筒望远镜,并考虑配备夜视装置,以供驾驶台值班人员使用。

(2)在船上关键位置放置制作逼真的假人(参见图6-6),可给海盗制造值班人数剧增的假象。

图6-6 值班假人

(二)保护驾驶台的装置

驾驶台通常是海盗袭击的焦点。在袭击开始阶段,海盗将火力对准驾驶台,迫使船舶停止航行。海盗一旦登船,通常会冲向驾驶台,以便取得控制权。可考虑在驾驶台配备下列装置:

(1)在驾驶台窗户上安装安全玻璃防爆膜(参见图6-7),以防船舶遭袭击后玻璃碎片飞溅。

图6-7 玻璃防爆膜

(2)为驾驶室侧窗和后窗以及侧翼门窗装配金属(钢/铝)板,一旦遭受袭击可迅速关闭。

(3)可在驾驶室侧翼平台(通常是敞开的)的后侧放置沙袋墙。

(4)在通往驾驶台侧翼平台的船舶两侧安装尖削或有刺的铁丝网或路障。

(三)防止海盗登船的实物障碍

海盗通常使用梯子和附带绳索的抓钩登上航行中的船舶,因此应设置实物障碍增加其登船难度。在设置任何实物障碍之前,建议进行一次现场勘察,确定哪些区域是利于海盗登船的薄弱区域,以便布置相当长度的障碍来保护船舶。常用的实物障碍是在船舷外侧安装或悬挂刀片刺网。

1. 刀片刺网的种类

(1)未弯曲型,即直线式。

(2)螺旋形,类似电话线。

(3)笼形,即链式螺旋形。

2. 配备刀片刺网的建议

(1)建议船舶使用笼形刀片刺网,因为相互连接的螺旋可以构成最有效的障碍。

(2)刀片刺网材料应采用高强度钢丝,从而难以使用手工工具切断。推荐使用线圈直径为730 mm到980 mm的笼形刀片刺网。(参见图6-8)

图6-8 安装刀片刺网

(3)刀片刺网应适当地固定在船舷上,建议每隔50 cm 间距交替在刺网的上部或下部通过卡箍或钢丝与船体固定。不要在铁丝网整个覆盖范围中留下空隙,以免给海盗可乘之机。

(4)安装刀片刺网时,必须使用能够保护双手、双臂和面部的个人防护设备。

(5)移除刀片刺网时,应使用铁钩(类似挂肉钩)而不是戴手套直接接触,以免受伤。

(6)建议使用分段较短的刀片刺网(如每段10 m长),因为与沉重而难以搬运的长分段刺网相比,短分段的刺网装卸时更为轻松和安全。

(7)可考虑给船舷上缘及其他潜在的薄弱结构区域施涂“防攀”润滑油。

(8)不建议在运输碳氢化合物的船上使用通电障碍物,但对于其他船型而言,应视安全评估结果来确定此做法是否合适和有效。

(9)建议在通电围栏或障碍物上张贴警告标志,朝内的一侧用英语或船员工作语言标示,朝外的一侧用索马里语标示。即使障碍物并未真正通电,仍可考虑使用前述朝外的警告标志。

(四)水雾和泡沫枪

事实证明,运用水雾系统(参见图6-9)和泡沫枪(参见图6-10),对阻止或延缓海盗登船颇有成效。水雾系统的运用,不但使海盗小艇难以靠近船舷行驶,而且使海盗登船极为困难。

图6-9 水雾系统

图6-10 泡沫枪

1. 安装建议

(1)将皮龙和泡沫枪(供水)固定在能覆盖海盗可能入侵路线的位置。有些船使用连接玻璃钢(GRP)供水总管的雾喷管,通过雾喷头来产生水幕,从而覆盖更广的区域。

(2)一旦装配并固定在适当的位置,建议让皮龙和泡沫枪处于就绪状态,仅需远程启动消防泵供水即可。不应使用真正的泡沫(除非船上为防范海盗而准备了额外的泡沫),因为这会较快将泡沫消耗完,导致船舶在需要泡沫灭火时处于危险状态。

(3)观察水枪和泡沫枪的喷射效果,一旦固定到位,确保能够有效覆盖到薄弱区域。可通过在喷嘴前侧附近位置安装挡板来增强喷水的覆盖范围。

2. 使用建议

(1)不建议手动操作皮龙和泡沫枪,这可能会使操作者处于高度暴露的位置。

(2)建议将水加热后用来阻止海盗,对抵御海盗袭击非常有效。

二 船舶应配备的防海盗器材

为了阻止海盗的非法入侵,船舶应配备各种主动式或被动式的防御设备和系统,如线网、刀片刺网、电围栏等。在船上配备任何被动式防海盗设备都要以保护船上人员安全为前提,并向船员提供设备的安全使用须知,加强熟练使用设备的训练。船舶应配备以下防海盗器材:

(1)对讲机、强光手电筒、信号发射装置,包括应急火箭及信号发射枪等。

(2)在有条件的情况下,可配发防弹头盔、高性能Kevlar(凯夫拉)纤维防弹衣、电警棍、手铐, 配备供夜间值班瞭望使用的红外线望远镜等夜视光学设备和可使人暂时失明的大功率探照灯,配备可以有效干扰海盗视线的大功率激光手电等。

(3)各航运公司在条件允许的情况下,可为重点航线、重点船舶配备红外线或微光闭路电视监控系统,在驾驶台设立监控中心,在船首、船尾、两舷设置监控摄像头。提高监控和防范能力,为以后的证据和资料收集提供便利。

扩展知识

一 船公司自行研制的主要防海盗设施

(一)高压电网

1. 架设位置

在船舷上架设防海盗电网,通常是根据船舶自身的特点,从第一舱后端开始沿舷侧,一直到艉甲板舷墙,安装一个封闭式的高压电网。高压电线用支架支撑到船舷外30 cm处的位置。(参见图6–11)

图6–11　架设高压电线

2. 特点

防海盗电网的运行电压高达5 000 V,能使攀爬货船的海盗即刻晕厥,但不危害其生命。防海盗电网可以直接防范海盗登船作业,对海盗有震慑作用,缺点是易损坏,安全系数低。

3. 安装与使用方法

(1)在船舶驶入海盗预警海域前,船员需对防海盗电网进行安装;使用时,船员将电网在甲板左右两舷张开后接通甲板电源;驶离预警海域后,将电网拆除并放入仓库,以保障船舶入港安全。

(2)用单股钢丝拉电网,这样既在强度上有保证,同时又不会因为钢丝自身太重,经过一定的跨度后,荡到船壳而造成接地。

(3)利用圆钢、扁铁、角铁和卡码做电网支架,支架一定要结实。

(4)安装时,在钢丝通过支架上卡码的U形处,套上两层塑料水管,靠塑料水管来绝缘。在支架外端的卡码收紧前,用钢丝收紧器将钢丝收紧,然后再用卸扣将钢丝连起来。

(5)为了防止一处接地造成全部电网失效,两舷的钢丝和船尾的钢丝中间用琵琶头连接,并且在琵琶头上套塑料管,这样两舷的钢丝和船尾的钢丝之间就是绝缘的,给它们分开独立供电。但是为了保证钢丝间不发生短路,为几路钢丝提供的都是同一相电源。

4. 注意事项

(1)为了防止船员触电,在电网安装好后,并不通电。在海盗实施攻击时,由船长下令给电网供电。

(2)船长下令给电网供电前,一定要用对讲机通知现场指挥的船舶保安员,由船舶保安员提醒现场所有人员,以防船员被电网击伤。

(3)在两舷和船尾处挂上用英文和索马里语写明的"有电,危险"或"高压危险"等警示牌,将海盗拒于舷外。(参见图6-12)

图6-12　警示牌

(4)使用电网时不能同时使用高压水枪,以防电网接地失效,同时容易发生触电事故。

(二)研究制造船用钛雷

钛雷,是一种礼炮,由纸筒、发射药、雷药构成。其中,雷药由高氯酸钾、硫黄、铝粉构成。钛雷弹垂直发射高度在150 m左右,猛然爆炸,爆炸声音非常大,有效驱赶半径可达300 m左右。

钛雷弹可以用做船舶防范海盗袭击的非武器性器械,船舶通过施放"钛雷"可以成功地将武装海盗拒之于船舷之外。目前,商船上携带的钛雷是经过改造的品种,实现了由原来单一的爆震型向多功能型转变,不仅可以有效阻击海盗的进攻,而且大大增强了船员防抗海盗的信心。(参见图6-13)

图6-13　安装船用钛雷

2010年11月,某船在阿拉伯海遭遇海盗袭击,船舶持续对海盗进行抗击,以施放"钛雷"、使用高压水枪等措施,成功阻止了海盗登船。

二 其他自制防海盗工具与设施

（一）掩体的制作

在没有舷墙的船上，船员可以把船上的废机油桶灌满水并放置在甲板上。当船舶抵抗海盗袭击时，它们可以作为保护船员的盾牌和掩体（参见图6–14），以降低海盗火力对船员的杀伤力，提高船员的战斗效能。

船员还可以利用铁板、木板、导缆孔、缆桩、乒乓球桌等在船舶两舷制作掩体。

图6–14 掩体

（二）其他自制阻止海盗登船的设施

（1）在船尾及船舶两舷编制绳网，可以有效防止海盗攀登上船。

（2）将油桶（参见图6–15）用绳子悬挂于船舷外侧，当海盗船只靠近时砍断绳子，功能等同于守城时的滚木，可有效阻止海盗船靠近攀登。

（3）制作钩镰枪，用以割断海盗攀登上船的钩绳。

图6–15 油桶

第四节 船舶应对海盗袭击的具体措施

要点

本节详述了船舶遭遇海盗袭击时及海盗登船时的应对措施、船舶或人员被劫持后的操作须知。

必备知识

一 船舶遭遇海盗袭击时的应对措施

(1)当遭遇海盗袭击时,船舶应立即启动反海盗应急预案,按照“报警程序”的规定,使用VHF16频道、卫通等有效手段发送遇险求救信号,向国际反海盗中心、防海盗巡逻联军、周边船舶、公司保安员通告船舶遭遇海盗袭击的情况。同时用警铃/广播等警报系统通知全船人员。全体船员应立即按防海盗应变部署到指定地点集合,全力阻止海盗登船。

(2)船长应亲自操纵船舶,设法摆脱海盗船的纠缠。驾驶台人员要拉响汽笛,利用可用的外部广播喇叭连续呼叫以营造紧张的气氛,以示本船已做好防抗准备,给海盗造成一些心理压力。继续运用车舵给海盗制造登船困难,尽可能不让海盗船靠近和方便靠上本船。如果在夜间,利用摩尔斯信号灯照射海盗船,要注意人员安全,防止海盗用枪射伤船员。

(3)全船生活区左右两侧的通道门保持畅通(其他的封闭),随时保证船员在紧急情况下能快速进出。到甲板上阻止海盗登船的全体船员都应适当着装,尽量隐蔽前进,其中要有人携带对讲机,并保持与驾驶台的通信和联系。

(4)海盗船靠近本船船旁时,可根据情况用消防皮龙水喷射海盗,用铁块、石头等进行防御,或向其泼洒滑油或油漆。船舶保安员根据船长的指挥信号及时调兵遣将,全体船员务必齐心协力,当海盗抛挂钩企图强行登船时,船舶应以最大力量、最短时间阻止海盗登船,一旦发现海盗挂上挂钩,负责摘钩人员应立即使用工具砍断,解除海盗的绳子或挂钩。任何船员都要放低身体,利用地形和就近较好的掩体,机动灵活地进行出击,避免向舷外探头看海盗船,谨防海盗用枪或其他武器伤害船员。

(5)海盗登船时两手抓梯,用枪射击的可能性不大,主要靠海盗船上其他人的掩护。此时只要及时解除绳子或挂钩,海盗就难以登船。

(6)在整个防海盗过程中,务必确保人身安全,注意防卫和保护,预防海盗的开枪袭击。尽量不要过分伤害海盗,防止报复,以驱赶为目的,一切行动听指挥。

二 海盗登船后的应对措施

(1)一旦数名武装海盗已经上船，船员不要直接与持枪海盗抗衡，应迅速撤离甲板进入生活区，封闭所有通道。如果时间和条件允许，可以在通道和楼梯泼洒滑油，尽量拖延时间，以待外部可能的救援。

(2)如果此时船舶还没有与沿岸国的海上安全当局建立联络，应当立即向公司和国际反海盗中心报警，启动SSAS报警，启用DSC、VHF16频道、卫通等有效手段报警求救，说明船舶所处的紧迫危险，请求提供必要的支援。

(3)若需撤离驾驶室/机舱，应停止主机。如果可能，关闭所有通道，并与其他船保持一定的距离。其他所有的船员应采用双手抱头对方可见的方式前往指定的安全集合点。如果所有人员已疏散到安全舱室，则应确保停止主机，有足够的海域供船舶漂航，且安全舱室正确锁闭。保持所有的闭路电视系统处于工作状态。

(4)当海盗已控制船舶且已劫持一个或数个船员人质时，船长应当采取措施确保人质的生命安全。如果袭击者已经控制驾驶台、机舱或劫持船员，或者可能对船舶的安全造成严重威胁，船长和值班驾驶员应当保持镇静，不要抵抗，且对海盗采取完全配合的态度，并在保证船舶安全、人质安全以及海盗尽早离船的前提下与海盗谈判，这将大大降低船员受伤害的风险。

(5)武装海盗登船后如果收获不大，或受到威胁，或担心被认出，或想劫持整个船舶时，可能会加害船员。如果海盗已杀害船员或这种企图十分明显，在别无选择的情况下，必须采取抵抗行动，以保全自己的生命，但应注意把握时机和讲究策略。行动前应尽可能搞清楚海盗的人数、武器以及首领。一旦开始抵抗行动，就应毫不犹豫地将行动进行到底，直到制服海盗。

三 船舶或人员被劫持后的操作须知

近几年来，被海盗绑架或劫持为人质的船员数量逐渐增加，每起劫持或绑架情形各不相同，并没有严格的行为准则。但是，船员可以使用一些推荐的方法以减少劫持的影响，并提高应对和分析海盗劫船事件的能力，以致成功被释放。

(1)船舶保安员应建立暗号(语言或手势)，以便当某些人(特别是值班人员)受到劫持或在威胁下通信时能通过暗号使其他船员知晓并及时采取措施。该暗号不应写在纸上，包括船长、驾驶员、值班人员在内的适当人员应熟悉并接受该程序的训练。

(2)一般而言，在被劫持期间以不发生人员伤亡事故的时间越长越好，应注意以下事项：

①保持平静并使他人也这样；除生命受到明显威胁外，不要抵抗武装入侵者。

②按照海事惯例确保船舶和人员安全。

③提供合理合作、努力与劫船者建立合理的关系。

④争取确定劫船者的人数。

⑤尽量增加登离船点数量。

⑥尽量确定劫船者的要求以及可能的限期。

⑦如果有条件，使用可靠通信设备供谈判人员与劫船者谈话。

⑧除当局有指令外,船长和船员不应试图与劫船者谈判。

(3)如果发现劫船者的意图是以本船作为攻击武器,船长、船舶保安员或指派的人员应启动紧急停车程序,设法使本船处于暂时不可操纵状态,以延长反应时间。必要时,可以使用误操作方式破坏船舶动力设备。

(4)如果获释,船舶应向公司保安员、船旗国主管机关及港口国联络点报告事件的全过程,报告内容包括船名、国籍、受劫持位置、人员伤亡或财产损失情况,并对袭击者进行描述。如果经过要求,该报告可同时递交与事件及处理有关的保安当局。

案 例

一 A船抗击海盗事件经过

2009年11月12日0545时,黎明时分的亚丁湾风平浪静,A船正满怀信心地向海军护航编队集合点航行。

0615时左右,值班大副从望远镜里发现位于A船左前方6 n mile处,一条海盗艇正以20 n mile/h的航速快速冲向A船。"不好,海盗来了!"船长立即启动防海盗应急预案,组织船员做好战斗准备。13 min后,海盗快艇接近A船左前方约0.5 n mile处,艇上5名海盗手持霰弹枪和登船铁梯,正虎视眈眈地盯着A船,一场与海盗面对面的战斗即将展开。

2 min后,海盗向右舷7舱靠拢,并在离船舷30~40 m处鸣枪开火,强行攻船。A船全体船员在船长的指挥下,进行了英勇的抗击。他们使用消防皮龙、燃烧瓶、火把等自制武器奋力打击海盗。海盗在火力掩护下,迅速将铁梯挂上了船舷,形势顿时变得危急万分。

此时此刻,早已守候在甲板上的大副和实习三管轮同时奋不顾身地冲向前去,硬是在黑洞洞的枪口下,冒着横飞乱窜的子弹,以迅雷不及掩耳之势奋力抬起铁梯,扔进了大海,转瞬之间便挫败了海盗挂梯登船的企图。

此后,海盗们又先后发起了3次疯狂进攻,都被英勇的A船船员击败,在海盗第4次准备攻船时,海军护航编队的直升机赶来支援,海盗仓皇逃窜。

二 A船抗击海盗的成功经验

从这场战斗中可以看出,A船战前的严格管理和周密严谨的保安防范体系的建立,再加上船员们的训练有素、勇敢和高昂的情绪是赢得这场胜利的重要原因。A船长期以来科学而严谨的管理最终为这场较量奠定了胜利的基石。在这场1 h的较量中,几乎所有的关键环节都在船员们的事先防范之中,以至于海盗们无论使出怎样的招数也难以找到破绽和漏洞。这充分说明,平时一丝不苟的管理成果,在抗击海盗的关键时刻就能转化为强大的战斗力,其成功的经验主要体现在以下几个方面:

(一)准备充分是制胜的基础

A船平时十分重视做好防抗海盗的各项准备工作,"三个不放松"是他们做好防抗海盗准备工作的重点,即对船员进行保安意识教育不放松、防抗海盗的基本知识和战术训练不放松、加入海军舰艇编队护航知识和紧急情况求援知识及相关注意事项的培训不放松。

(二)“三个到位”增强了船员在应对海盗袭击时敢打必胜的信心

A船在平时的船舶保安管理工作中,反复强调保安的重要性和关联性,使船员始终绷紧航行安全这根弦,在船员头脑中牢牢树立起海盗是可防可抗、不可怕的观念。A船能够按计划做到“三个到位”,即对船舶机械设备完好率检查落实到位、防抗海盗设施设备数量和质量落实到位、各类防抗海盗的武器装备放置到位,确保了在关键时刻、不同方位都能够保证随时随手使用,赢得了抗击时间。

(三)加强瞭望、及时发现海盗行踪并准确判明海盗的企图是制胜的前提

A船在及时发现海盗情况方面,通过雷达回波,望远镜瞭望,改变自身船舶航向、航速等方法判断可疑船只,在发现和准确判明为海盗后,沉着应付,冷静对待。当他们发现并判明海盗船攻击意图后,立即启动应急预案,布置抗击任务,全船进入防海盗“一级战备”,并不停地鸣响汽笛,向海盗船发出警告,同时,呼叫海军护航编队支援。

(四)严密组织是制胜的重要保证

A船之所以能够取得抗击海盗的胜利,离不开周密的计划和严密的组织。他们在准确摸清海盗攻击的特点,判明海盗攻击船体的方位的基础上,能够在海盗发起攻击的关键时刻实施正确的指挥,科学组织调动抗击力量,不给海盗以可乘之机。

(五)精神的力量是制胜的源泉

全体船员在反海盗劫持的战斗中之所以能够坚决抵抗,英勇顽强,特别是两名船员在受伤的情况下仍然能够坚持战斗,不下火线,究其根本原因,是他们头脑中根植了一种强大的精神,这种精神就是忠于职守、临危不惧、英勇不屈的精神。就是在这种精神的鼓舞下,船员们极大地增强了战胜海盗的信心,提升了战斗力。

第七章 船舶保安设备的操作、测试和校准

SOLAS公约第Ⅺ-2章要求船舶必须配备船舶保安警报系统，是继GMDSS和船舶自动识别系统之后，国际海事组织对航行船舶远距离识别及远距离跟踪监控提出的新要求。除了船舶保安警报系统之外，ISPS规则A部分及SOLAS公约第Ⅺ-2章对船舶应配备何种保安设备未作明确规定，但是ISPS规则B部分提到了自动闯入探测装置、警戒与监控设备、扫描/探测设备、连续监视警戒设备、X射线透视设备、炸弹探测设备等几种保安设备。除了船舶保安警报系统必须在规定的期间之内强制配备外，其他保安设备的配备由缔约国主管机关授权的主管当局确定。

本章主要介绍船舶保安警报系统及其他保安设备的特点、局限性及其使用、维修与保养、检验的操作程序。本章内容仅要求接受"负有指定保安职责船员培训"的人员掌握。

第一节　船舶保安设备和系统及其局限性

要点

本节详述了船舶保安警报系统的配备要求及其性能标准，介绍了包括船舶自动识别系统在内的几种常见的船舶保安设备。

必备知识

一 船舶保安警报系统

根据SOLAS公约XI-2章第6条及国际海事组织海上安全委员会MSC.136（76）决议和MSC.147（77）决议的规定，相关船舶必须配备船舶保安警报系统（Ship Security Alert System，SSAS），以便在遭遇劫持或武装攻击时启动该系统，及时向主管当局发送船对岸保安警报。该系统至少包括两个启动点，其中一个在驾驶台，并且这些启动点都能发射船舶保安警报。该系统允许使用隐蔽启动点向有关当局报警，但不在船上拉响警报也不向任何他船发送保安警报。

（一）配备要求

根据SOLAS公约XI-2章第6条的规定，所有国际航行船舶必须按以下期限要求配备“船舶保安警报系统”。

（1）在2004年7月1日或以后建造的船舶需于建造时完成。

（2）现有客船（含高速客船）和500总吨及以上的油船、化学品液货船、气体运输船、散货船、高速货船，应不迟于2004年7月1日以后的第一次无线电设备检验时完成。

（3）现有500总吨及以上的其他货船和海上移动式钻井平台，应不迟于2006年7月1日以后的第一次无线电设备检验时完成。

（二）工作要求及性能标准

（1）船舶保安警报系统启动后，应：①开始向主管机关指定的主管当局（在此情况下可包括公司）发送船对岸保安警报，确定船舶身份、船位并指出该船的保安状况受到威胁或已受到危害；②不向任何其他船舶发送船舶保安警报；③不在船上发出任何警报；④在关闭和/或复位前持续发送船舶保安警报。

（2）船舶保安警报系统应：①能从驾驶室和至少一个其他位置启动；②不低于国际海事组织通过的性能标准；③船舶保安警报系统启动点的设计应能防止误发船舶保安警报。

（3）只要符合本章的所有要求，可以通过使用为符合第IV章要求而安装的无线电设备来符合船舶保安警报系统的要求。

（4）当主管机关收到船舶保安警报通知时，主管机关应立即通知船舶当时所在位置附近的国家。

（5）当缔约国政府从非悬挂其国旗的船舶收到船舶保安警报通知时，缔约国政府应立即通知有关主管机关，并在适当情况下通知船舶当时所在位置附近的国家。

二 船舶自动识别系统

船舶自动识别系统（Automatic Identification System，AIS）是一种船舶导航设备。AIS的使用不仅能加强船舶间避免碰撞的措施，还可以加强ARPA雷达、船舶交通管理系统、船舶报告的功能，有效地协助船舶跟踪和避让目标，实现改进海事通信的功能并提供一种船舶进行语音和文本通信的方法，增强了船舶的全局意识。AIS的配置，为船舶航行安全和航行管理提供了一种新型有效的手段，AIS也是船舶必不可少的保安设备。

AIS又称全球无线电应答器系统，它主要是在两个专用的VHF频道上工作，在无法使用这些频道的地区，AIS可以借助来自岸基设备的信息自动切换到指定的其他频道上。AIS可以连续发送、接收并显示船舶静态信息，如船名、呼号、船舶尺度等；动态信息，如船位、航向、航速等；以及船舶航次信息，如船舶吃水、货载情况、目的港等。通过AIS、岸基VTS可以了解船舶完整的交通动态，监控和跟踪这些船舶，并与其交换数据。

三 自动闯入探测装置

自动闯入探测装置是指自动感知危险情况发生的设备，它通常是安装在船上所需要防范的场所内(如船上的限制区域)，主要由传感器和前置信号处理器组成，并可在保持连续值守和监控场所提供视觉或声响警报。

自动闯入探测装置有很多种类，如红外入侵探测装置、振动传感电缆、电子围栏、激光对射、张力铁线防越探测网、静电探测网、微波探测器、光纤防越栅栏、视频运动探测与跟踪系统等。从使用量上看，红外入侵探测装置所占比例最大，其主要优点为安装简便、价格便宜。以下主要介绍两种红外入侵探测装置。

(一)被动红外入侵探测装置

被动红外入侵探测装置是指当被探测目标侵入并在所防范的区域内移动时，引起该区域红外辐射的变化，能够感知这个红外辐射的变化并进入报警状态的装置。

1. 特点

该装置隐蔽性好，无需照明，昼夜均可使用；仪器不发射能量，功率低，使用寿命长。

2. 局限性

(1)防范区域内的背景要求是静止的物体，因此，该装置最好安装在货舱、船员舱室等室内。

(2)因较强的气流变化容易引起误报警，所以该装置的正前方不应有温度易发生变化的物体，如暖气、冷冻设备的散热器等，也应避开空气调节孔及管道。

(3)因红外辐射的穿透性能较差，所以该探测装置的前方不应有障碍物，否则会造成“死区”，引起漏报警。

(4)该探测装置安装时不应正对着外部窗户，避免受到阳光或强发射光的照射，引起误报警。

(5)该探测装置应安装在不易振动的物体上。安装物体振动会导致探测装置振动，相当于背景辐射发生变化，会引起误报警。

(二)主动红外入侵探测装置

主动红外入侵探测器由主动红外发射机和主动红外接收机组成，当发射机与接收机之间的红外光束被完全遮断或按给定百分比遮断时能产生报警状态的装置。

1. 特点

该装置组成警戒的红外光束不可见，隐蔽性强；采用调制光技术，抗干扰能力强，稳定性好。

2. 局限性

(1)在该探测装置的防范区域内，不得有障碍物。

(2)在室外使用该探测装置时,必须注意清除防范区域内的干扰物。

(3)由于受天气情况影响,在室外使用时,其控制距离将缩短。

(4)必须经常检查镜头并消除镜头面上的灰尘或污垢,否则将影响该探测装置的控制距离。

(5)在室外使用该探测装置时应采用截止滤光片,使其不受太阳光辐射影响,确保正常工作。

四 电视监控系统

闭路电视监控系统(CCTV)是安全技术防范体系中的一个重要组成部分,是一种先进的、防范能力极强的综合系统,它可以通过遥控摄像机及其辅助设备(镜头、云台等)直接观看被监视场所的一切情况,被监视场所的情况可以一目了然;同时,电视监控系统还可以与保安警报系统等其他安全技术防范体系联动运行,使其防范能力更加强大。

在船上使用该系统,通常可将电视监控系统中的摄像头安放在两翼甲板,通过摄像头将被监控场所的图像信息及时传送到驾驶台的保安中心,船舶保安员通过监视器就可看到防范区域的活动情况,同时可以通过录像设备记录下来,作为日后处理某些事件的依据。

五 防爆保安检查设备

防爆保安检查设备是用来对各种爆炸装置、枪支、弹药、凶器等危险、违禁物品进行探测的技术装置。它主要包括:

(一)金属探测器

金属探测器利用电磁感应的原理,利用有交流电通过的线圈,产生迅速变化的磁场。这个磁场在金属物体内部能产生涡电流。涡电流又会产生磁场,倒过来影响原来的磁场,引发探测器发出鸣声。金属探测器的精确性和可靠性取决于电磁发射器频率的稳定性,一般使用从80~800 kHz的工作频率。工作频率越低,对铁的检测性能越好;工作频率越高,对高碳钢的检测性能越好。检测器的灵敏度随着检测范围的增大而降低,感应信号大小取决于金属粒子尺寸和导电性能。

(二)X射线透视设备

行李进入X射线检查通道,将阻挡包裹检测传感器,检测信号被送往系统控制部分,产生X射线触发信号,触发X射线的射线源发射X射线束。X射线束穿过输送带上的被检物品,X射线被被检物品吸收,最后轰击安装在通道内的半导体探测器。探测器把X射线转变为信号,这些很弱的信号被放大,并送到信号处理机箱作进一步处理,这些信号处理后就通过显示屏显示出来。无论包有几层,X射线都能穿透,一层层地将包内的物品显示出来。

经过X射线检测后,行李内的物品会在显示器中显示出大致的形状,并显示成黄色、绿色、黑色等。显示成黄色的物品是安全的,一般是有机物,如塑料、食品等;而显示成绿色、黑色的物品需要注意,如果绿色或黑色物体比较多,或呈匕首、刀子形状,就应打开行李检查。

(三)炸弹探测设备

炸弹探测设备是一种专门用于探测爆炸物的装置。

六 船舶保安照明系统

船舶保安计划中通常将本船照明系统的名称、型号、安装位置、用途在保安设备部分作出详细的说明。常见的保安照明系统包括船首照明灯、船尾照明灯、舷外照明灯、驾驶台左右搜索灯、外走廊照明灯等。

每季度应对所有保安照明设备进行检查、试验,保持最佳工作状态。灯具活动部位的润滑保养由水手长负责,电器部分检查由电机员负责。检查灯具、电源工作良好,活动部分充分的润滑且做到防锈、水密,检查备件是否齐备。依据检查情况应填写"保安照明设备检查表"。

第二节　船舶保安设备和系统操作程序

要点

本节介绍了船舶保安警报系统与船舶自动识别系统的使用、维修与保养、测试的程序。

必备知识

一 船舶保安警报系统的使用

(一)概述

实践中,船舶所配备保安警报系统的型号各有不同,但均应确保能以安全和保密的方式传递信息,并具备抗干扰性、隐蔽性、可靠性和可用性,其性能标准和功能要求符合国际海事组织的要求。

(二)启动点的设置与系统的使用、维修保养和测试

(1)船舶保安警报系统由船舶保安员负责日常维护、测试并保存该设备的技术说明书以及操作程序。使用中发现问题应及时通知公司主管部门安排修理。

(2)船舶保安警报系统安装在驾驶台、报警点2处,驾驶台内1处,保安员房间1处。所有驾驶员应熟悉驾驶台的报警点位置并了解使用方法;保安员房间报警点位置只允许船长和船舶保安员了解。这些位置不能被未授权的外部人员发现。

(3)船舶保安警报系统应一直处于随时可以启用状态,由船舶保安员按指令、规定和操作手册进行操作、保养、检查、测试,并填写"保安报警设备使用记录"。

(三)船长和船舶保安员应了解

(1)如果启动船舶保安警报系统,其被指定发送秘密的报警信息,船上没有警报响,不会被注意、被发觉。

(2)当收到秘密报警信息后,船旗国指定当局(如海上营救中心)、船东/公司不应试图与船长或附近船舶联系,除非有适当的对事件作出反应的保安力量。

(3)一旦引发警报系统,适当地对事件作出反应的保安力量会在最早时机登船。当船舶抵达港口甚至经证实不论是偶然启动或系统故障造成的错误警报仍要避免延误登船。

(四)职责

1. 船舶保安员和船长负责启动船舶保安警报系统。

2. 船长、船舶保安员应保证轮机长和驾驶员知道船上报警点的位置,启动保安警报系统的程序,在什么情形下或什么时候他们被授权启动船舶保安警报系统。(参见图7-1)

图7-1　船舶保安警报系统

3. 遇有下列情况应启动船舶保安警报系统。

(1)当船舶受到严重的恐怖威胁和/或紧急、严重的破坏,也包括船长认为迫切需要救助或其他必要的情况时。

(2)当船舶发生保安事件影响到船舶正常指挥时,所有驾驶员或船员在接到船长或资历较老的驾驶员的指令后都可以启动船舶保安警报系统。

(3)当发生保安事件船舶失控时,船舶保安员、轮机长和驾驶员接到船长的命令或船舶保安员的命令时。

4. 船舶保安员应保证船舶保安警报系统内部电气线路进行试验和根据保安指南与公司保安员协作进行日常发射试验。

5. 公司保安员负责任命有能力的人员担任船舶保安员,负责处理船舶报警事宜,公司保安员还有责任防止船舶在操作时出现误报警事件。

6. 当接到船舶报警时,公司保安员应代表公司报告相关海事局,报告应包括报警船舶的名称、方位，以便通知相应的沿岸国家或地区，公司和相关海事局这种通信联络应该被延续到境况转为正常。

（五）程序

1. 船舶保安警报系统的使用说明和指令应包括试验、启动、解除、恢复，并限制误报警事件等程序。该设施的《操作手册》应作为机密文件被船舶保安员保存起来。

2. 船舶保安警报系统的内部线路的测试每月进行1次，测试日期和测试结果记录在安全设备检查单里。

3. 船舶保安警报系统的日常传送试验程序：

（1）最初的装机测试以后，日常的传送试验应每年进行1次。公司保安员要得到船旗国有关机构的允许，再和船长约定好，在指定的时间进行试验。

（2）公司保安员组织船舶保安警报系统的日常传送测试，整个测试要和船长或船舶保安员保持电话联系。

（3）船长和公司保安员确定船舶保安警报系统测试的目的和时间。

（4）测试过程中，在驾驶台报警点发射报警信号。当公司保安员接到报警信号后，要确认其正确性，包括核对船舶身份、警报状况和警报内容，确定是船舶保安报警测试。

（5）测试完后，船长要确定船舶保安警报系统已复位。公司保安员要确认收到的测试信息，把结果告知船长。

（6）其他报警点也应按（2）~（5）的步骤，进行适当的测试。

（7）船长和公司保安员双方确认，所有警报点测试完毕，船舶保安警报系统已被复位。那么，再收到从船上发出的，事先未作通知的报警，应当做真正的警报来对待。

4. 预防误报警的程序：

（1）隐蔽警报按钮的保护盖子要盖好，防止不小心误发警报。因为船舶保安警报系统被激活时不响警铃，也没有任何显示，所以很有必要控制和防止“误报警”的发出。如果条件允许，在发射报警信号之前或之后，船长或船舶保安员要用电话通知公司保安员，是真警报。

（2）当公司保安员接到船舶保安报警信息时，应采取下列步骤：①检查船位、路径、货物、乘员、上一港、目的地等。评定船舶保安事件发生的可能性，分析是否是“误报警”。②联系船旗国当局海事搜救协调中心和其他有关单位，提供船舶信息寻求下一步行动。③对有关的保安主管当局或船旗国当局的指示，公司保安员将用术语与船长联系或用术语电传给船上，以确认船上的形势。④若船上没有保安事件，而船舶发射误报警信号，在接收电话呼叫或电传信息时，船长应立即用电话澄清船舶情况。如果确认是误报警，将船舶保安报警复原/复位，并用允许的术语码将船舶保安报警设备误报警的原因用电话或书信方式报告给公司保安员。一经船舶的错误报警被确定和改正，公司保安员就要报告给船旗国指定的责任机构，或有关方以取消由于船舶误报警而采取的行动。⑤若船舶保安警报系统已经由于船舶保安事件而动作，在收到电话呼叫或电传时，船长既不要用不正确术语来回答，也不要理睬电话呼叫或信息。⑥若用术语电话呼叫或从船上发出的信息1 h没有反应，或不正确的术语已经接收，公司保安员将认为船舶保安警报系统与船舶保安事件相连并已经动作。

5.船舶保安警报系统的维修、检查、测试和校验：

(1)维修。系统检验和核实装妥后，不需要维修。约10年必须对无线电收发机使用的电池进行更换。不要在收发机/天线上刷漆。一旦系统损坏，应由厂家代理或岸上的有资格技师修理/维护，并将维护/检修日期记录在船舶保安设备检查单上。

(2)检查。每月应进行外观检查，包括天线安装情况和电源连接供电检查，并记录在船舶保安设备检查单上。

(3)测试。每月进行定期的内部线路检查测试和常规的船舶传输测试。测试结果与日期记录在船舶保安设备检查单内，传输测试，测试记录要附在后面。

(4)校验。船舶保安警报系统没有校验要求。

二 船舶自动识别系统的使用管理

(1)AIS的显示及控制单元应安装在驾驶室便于航行值班人员操作观察的位置。

(2)AIS天线安装、电源使用、数据信息采集、接口等要求除满足国际海事组织公约要求外，还应满足有关当局及运河主管部门的使用要求。

(3)AIS安装检验要求。根据中国船级社要求，下列送审图纸及资料应一式三份送中国船级社(CCS)审查，批准后一份供CCS存档，一份供现场验船师，一份退还送审单位。①AIS布置图，应包括：AIS设备安装位置；AIS收发天线及内置和外置的GNSS天线位置，GNSS天线相对于艏艉及左右舷舷侧的位置距离应在图纸上清楚标明。②AIS系统图，至少应包括：AIS设备各组成部分及外接设备连接的原理框图；连接线路及其接口的型号、规格；主电源、应急电源的供电线路。

(4)AIS设备安装后，船长应组织有关船员学习AIS使用规定和注意事项。船长、驾驶员、无线电电子员必须了解和熟练该设备的性能、结构、操作规程和试验方法。

(5)AIS设备由船长、驾驶员负责使用，日常管理工作由二副负责(参见图7-2)；修理保养由无线电电子员负责；并要建立台账，做好维护保养、修理和测试等记录。

(6)AIS设备由二副每个月检验测试1次 (各型号的设备检验测试方法参照技术说明书)，并根据保安体系文件要求作好记录。

图7-2　保安设备的主管与检查

【常见违规现象】

(1)船舶保安警报系统没有按照要求每月进行测试;驾驶员不了解驾驶台船舶保安警报系统的位置;船舶保安警报系统按钮的位置被未经授权的人员获知。(参见图7–1)

(2)高级船员不清楚自己主管设备是否属于保安设备;没有按时对保安设备进行检查并填写"维修保养和检查记录"。(参见图7–2)

附录一 STCW公约马尼拉修正案第A-VI/6节

第A-VI/6节

对所有海员与保安有关的培训和指导的强制性最低要求

与保安有关的熟悉培训的适任标准

1　在按要求需遵守《国际船舶和港口设施保安规则》的海船上受雇或工作的所有非旅客人员，在被指派船上职责之前，须接受经认可的与保安有关的熟悉培训，并考虑到B部分给予的指导，以便能够：

.1 报告保安事件，包括海盗或武装抢劫的威胁或袭击；

.2 知道在确认存在保安威胁时要遵循的程序；和

.3 参加与保安有关的应急和紧急程序。

2　在海船上工作或受雇的、承担指定保安职责的海员，在被指派该职责之前，须接受与其职责和责任相关的保安方面的熟悉培训，并考虑到B部分给予的指导。

3　与保安有关的熟悉培训须由船舶保安员或具有同等资格的人员实施。

保安意识培训的适任标准

4　要求需遵守《国际船舶和港口设施保安规则》与其业务有关的规定的海船上受雇或工作的、作为船舶在编人员但不承担指定保安职责的海员，在被指派船上职责之前，须：

.1 接受表A-VI/6-1列出的保安意识方面的、经认可的适当培训或训练；

.2 按要求通过以下方式提供证据，证明已经达到所要求的适任标准，以承担表A-VI/6-1第1栏所列的任务、职责和责任：

.2.1 按照表A-VI/6-1第3栏和第4栏所列的评价适任的方法和标准，表明适任能力；以及

.2.2 考试或连续评估，作为表A-VI/6-1第2栏所列科目的经认可的培训计划

的组成部分。

过渡性规定

5　在2014年1月1日之前，在本节生效前已经开始经认可的海上服务的海员，须能够通过下列各项确定他们满足第4款的要求：

.1 在前3年内至少共有6个月的时间以船上人员的身份从事经认可的海上服务；或

.2 履行过被认为等效于第5.1项所要求的海上服务的保安职能；或

.3 通过经认可的测试；或

.4 成功地完成经认可的培训。

承担指定保安职责的海员的适任标准

6　每位被指定承担包括防海盗和防武装抢劫相关活动的保安职责的海员须表明承担表A–VI/6–2第1栏所列的任务、职责和责任的适任能力。

7　表A–VI/6–2第2栏所列科目的知识水平须足以使每位证书申请人能够执行船上指定的保安责任，包括防海盗和防武装抢劫相关的活动。

8　每位证书申请人须依据下列各项提供已经达到所要求的适任标准的证据：

.1 按表A–VI/6–2第3栏和第4栏所列的表明适任的方法和评估适任的标准，提供具有执行表A–VI/6–2第1栏列出的任务、职责和责任的适任能力；并且

.2 考试或连续的评估，作为涵盖表A–VI/6–2第2栏所列材料的经认可的培训计划的组成部分。

过渡性规定

9　在2014年1月1日之前，在本节生效前已经开始经认可的海上服务的、承担指定保安职责的海员，须能够通过下列各项表明承担表A–VI/6–2第1栏所列的任务、职责和责任的适任能力：

.1 在前3年内至少共有6个月的时间以船上人员的身份从事经认可的海上服务；或

.2 履行过被认为等效于第9.1项所要求的海上服务的保安职能；或

.3 通过经认可的测试；或

.4 成功地完成经认可的培训。

表A-VI/6-1

保安意识的最低适任标准规范

第1栏	第2栏	第3栏	第4栏
适任	知识、理解和熟练	表明适任的方法	评估适任的标准
通过增强意识来加强海上保安	海上保安术语和定义的基本使用知识,包括可能与海盗和武装抢劫有关的海上保安术语和定义的基本使用知识 国际海上保安政策和政府、公司及个人责任的基本知识 海上保安等级和它们对在海上和港口设施采取海上保安措施和程序的影响的基本知识 保安报告程序的基本知识 与保安相关的应急计划的基本知识	评估从经认可的培训或经认可的课程测试中获取的证据	正确地确定有关增强海上保安的要求
识别保安威胁	规避保安措施的技术的基本知识 能够确认包括海盗和武装抢劫有关的事项在内的潜在保安威胁的基本知识 能够帮助识别武器、危险物质和设备的基本知识,并清楚它们能够造成的损坏 处理保安相关信息和保安相关通信的基本知识	评估从经认可的训练或经认可课程的学习期间获取的证据	正确地确定海上保安威胁
理解保持保安意识和警惕性的必要性和方法	有关的公约、规则和海事组织通函中关于培训、演练和演习要求的基本知识,包括与防海盗和防武装抢劫有关的知识	评估从经认可的训练或经认可课程的学习期间获取的证据	正确地确定与增强海上保安有关的要求

表A-VI/6-2

负有指定保安职责的海员的最低适任标准规范

第1栏 适任	第2栏 知识、理解和熟练	第3栏 表明适任的方法	第4栏 评估适任的标准
保持船舶保安计划所设定的状态	海上保安术语和定义的使用知识，包括可能与海盗和武装抢劫有关的术语的使用知识 国际海上保安政策和政府、公司及个人的职责的知识，包括可能与海盗和武装抢劫有关的部分的使用知识 海上保安的级别和因此而对船上以及港口设施中保安措施和程序造成的影响的知识 保安报告程序的知识 有关公约、规则和海事组织通函规定的演练和演习的程序和要求的知识，包括与防海盗和防武装抢劫等有关的使用知识 执行检查和检验、控制并监控船舶保安计划列明的保安活动的程序的知识 保安相关的应急计划和应对保安威胁或保安违规(包括保持船/岸界面关键操作的规定)的程序的知识，也包括那些可能与海盗和武装抢劫有关的使用知识	评估从经认可的训练或经认可课程的学习期间获取的证据	程序和措施符合《国际船舶和港口设施保安规则》和经修正的《1974年国际海上人命安全公约》的要求 正确确定与保安相关的法规要求 职责范围内的交流清楚明了
识别安全风险和威胁	保安文件的知识，包括保安声明 规避保安措施的技术的知识，包括海盗和武装抢劫分子使用的技术的知识 识别潜在保安危险的知识 识别武器、危险物质和装置的知识，并清楚它们能够造成的损坏 密集人群管理和控制技巧的知识(如适用) 处理与保安相关的信息和保安通信的知识 搜身和使用非侵入性检查方法的知识	评估从经认可的训练或经认可课程的学习期间获取的证据	程序和措施符合《国际船舶和港口设施保安规则》和经修正的《1974年国际海上人命安全公约》的要求
对船舶进行定期的保安检查	监控限制区域的技术的知识 控制上船通道和船上限制区域的知识 有效监控甲板区域和船舶周围环境的方法的知识 与货物和船舶物料相关的检查方法的知识 人员及其物品上下船和在船上的进出口通道的控制方法的知识	评估从经认可的训练或经认可课程的学习期间获取的证据	程序和措施符合《国际船舶和港口设施保安规则》和经修正的《国际海上人命安全公约》的要求

（续表）

第1栏	第2栏	第3栏	第4栏
适任	知识、理解和熟练	表明适任的方法	评估适任的标准
正确使用保安设备和系统（如有）	包括发生海盗和武装劫匪攻击时可能使用的各种保安设备和系统及其局限性的一般知识 测试、校准和维护保安系统和设备的必要性的知识，特别是在海上的情况下	评估从经认可的训练或经认可课程的学习期间获取的证据	按照已建立的设备操作规程操作设备和系统并考虑到其局限性 程序和措施符合《国际船舶和港口设施保安规则》和经修正的《1974年国际海上人命安全公约》的要求

附录二

STCW公约马尼拉修正案第B-VI/6节

第B-VI/6节

对所有海员与保安培训和训练有关的强制性最低要求的指导

熟悉和保安意识

1　海员和船上人员不是保安专家，本公约或本规则规定的目的不是使其成为保安专家。

2　海员和船上人员应接受足够与保安有关的培训或训练和熟悉培训，以获得履行其指定职责所需的知识并共同为加强海上保安作贡献。

3　无指定保安职责的海员，在其职业生涯中应至少完成第A-VI/6节列明的保安意识培训或训练一次。如果有关海员或船上人员满足规则第VI/6条规定的与保安有关的熟悉要求，并参加《船港保安规则》要求的演练和演习，则没有必要进行此项培训的更新或再有效。

负有指定保安职责的海员

4　第A-VI/6节中的“负有指定保安职责”一语系指依据船上保安计划负有明确保安职责和责任者。

5　负有指定保安职责的海员，在其职业生涯中，应至少完成第A-VI/6节中列明的培训一次。如果有关海员或船上人员满足规则第VI/6节与保安有关的熟悉要求并参加《船港保安规则》要求的演练和演习，则没有必要进行此项培训的更新或再有效。

6　按照第A-VI/6节提供“与保安有关的熟悉培训”的人员无需满足规则第I/6条或第A-I/6节的要求。

7　在特别必要时，当需要一名有资格履行指定保安职责的人员承担船上与保安有关的职责但暂时没有这样的人员时，主管机关可允许没负有指定保安职责，但了解船舶保安计划的海员，在抵达下一停靠港前或不超过30天内(以时间较长者为准)，履行这一职责。

附录三

船舶保安检查清单

船舶:________ 船型:________ 航线:________

检查日期:________ 检查人员:________

第1部分——保安管理

序号	保安措施	是	否	观察结果	采取对应措施
1. 公司保安管理和政策					
A	船长\船舶保安员(SSO)和船员是否熟悉公司的保安目标和政策? 是否向船舶提供了足够的资源(包括基于岸上的支持),以使船舶达到公司保安政策的目标?				
2.公司保安员(CSO)					
	船舶保安员和船长是否得知CSO的联系方式?				
A	CSO是否安排了本船有关保安活动的内部审核?				
A	CSO是否及时通报了公司船舶有关部门保安的缺陷和不符合项?				
A	CSO是否向负责舰船保安的人员提供了足够的培训?				
A	CSO是否确保了船舶保安员和相关港口设施保安员之间有效的沟通和协调?				
A	是否能证明CSO努力提高船上的保安意识和警惕性?				
3.船舶保安员(SSO)					
A	SSO是否有资格(例如持证或经过专业的培训和/或教育)?				
A	SSO是否清楚知道他的职责和责任,包括他的报告职责?				
A	是否能证明SSO对船舶执行了常规的保安检查?				
A	是否能证明SSO报告了所有的保安缺陷、不符合项和保安事故?				
A	是否能证明已经实施了纠正行动?				

（续表）

序号	保安措施	是	否	观察结果	采取对应措施
4.船长					
A	SSP是否已经确立了船舶安全和保安的船长全权负责制？				
	是否能证明船长清楚他所有的职责，如： ◆船舶保安计划 ◆船舶保安的执行和维护 ◆在必要时船长有向公司要求协助的责任等				
	船长在船上是否备有便于查阅且随时更新的文件备案信息，如对于由谁任命船员，由谁决定船员的雇用，由谁签订租船合同事宜。				
	是否能证明船长（和SSO）按照SSP的要求提供船员有关租船保安方面的当前动机？				
5.船上人员					
	船员是否按照SSP的要求熟悉公司保安政策和相关程序的内容？				
	是否能证明船员清楚与保安相关的事项（例如，人员控制、货物控制、船上的限制区域、出现保安威胁时的责任等）？				
	船员是否知晓由谁承担各种保安职责？				
	船员是否知晓如何应对威胁（例如各种应急部署）？				
6.培训和资格					
A	是否认识到保安培训和需要，是否已经制订了新船员和现任船员的船上培训计划？				
A	船员是否已经按照SSP的要求接受了充分的保安事项培训？				
A	是否对保安培训做了适当的记录？				
7.船舶保安计划					
A	是否按规定对船舶保安计划进行了定期评审？				
A	所有保安计划的修改是否符合要求，并经过主管机关的批准？				
A	对保安计划是否作了适当的保护以防止未经授权的使用或泄露？				
	船舶是否采取措施，保护通过电子或书面方式可以查阅的第三方保安信息？				
8.船舶					
A	是否按SSP规定的程序在船上实行了（内部）保安审核？				
A	内部审核是否由不参与审核活动的人员执行？				
A	是否定期进行了保安检查？				

（续表）

序号	保安措施	是	否	观察结果	采取对应措施
9.保安记录					
A	船上是否有培训、演习和训练的记录？				
A	船上是否有保安事件报告的记录？				
A	船员上是否有保安等级变更的记录？				
A	船上是否有违反保安事项的记录？				
A	船上是否有保安措施和相关设备维护、校准和测试的记录？				
A	船上是否有有关船舶保安的通信记录？				
A	是否有对于保安活动的内部审核和评审的记录？				
	船上是否有船上保安会议的备忘录？				
10.船/岸界面					
	SSO是否与PFSO就保安问题进行过必要的沟通和协调？				
	港口特殊保安信息（例如威胁和他们的保护措施）是否便于查阅？				
	在船舶的保安等级高于港口的情况下是否按照相关程序的要求通知PFSO/CSO/缔约国保安主管当局？				
	船上是否已签发过"保安声明"？其签发的理由和内容是否符合要求？				

第2部分——保安管理

序号	保安措施	是	否	观察结果	采取对应措施
1.船舶通道					
	舷梯是否经过标示和监控？				
	跳板是否经过标示和监控？				
	坡道是否经过标示和监控？				
	门、侧舷窗、窗户、舱口盖和舱门是否监控？				
	系泊缆绳和锚链是否监控？				
	克令吊和起货装置是否经过监控？				
	SSA中是否对其他通道口作了标示？				
	所有意欲进入船舶人员的身份文件是否经过检查？				
	是否有如何时行检查的程序和记录？				
	是否通过检查联合指令、船票、登船通行证、工作指示等来确认人员进入船舶的原因？				
	乘客的个人财物是否得到控制？				
	船员登船是否得到控制？登船口是否已设置告示牌？				
	船员的个人财物是否得到控制？				

（续表）

序号	保安措施	是	否	观察结果	采取对应措施
	是否按要求检查了拟进入船舶的来访者(例如来记者、卖主、维修工、港口设施人员等)?				
	是否设立了指定的安全区域(与港口设施一致),在该区域可以对人员、行李(包括随身携带的行李)、个人财物、车辆及其装载物进行检查和搜索?				
	所有车辆在装船(包括汽车载运船、滚装船和其他客舱)前是否按照SSP规定的频次进行了搜查?				
	是否将经过检查的人员及其个人财物与未经检查的人员及其个人财物隔离?				
	是否有对在海上提供协助后进入船舶的人员进行检查? 每一实际或可能的通道口的位置和功能是否经过标示?				
	是否已确定和保持疏散路线和集合地点?				
2.限制区域					
A	是否已划出限制区域,且已作出明确标记?				
A	船上人员(船长,SSO,船员)是否能够识别船上的限制区域?				
	是否使用监视设备(如闭路电视系统)监控限制区域?				
	是否起用保卫或巡逻人员监控限制区域?				
	是否使用自动侵入探测装置向船上人员发出擅自进入的警报?				
	是否有防止未经许可的人员进入驾驶台的措施?				
	船上是否有防止未经许可的人员进入机舱(A类)的措施?				
	船上是否有防止未经许可的人员进入控制站的措施(在ISPS规则第II-2章中有详细规定)?				
	船上是否有措施能够防止未经许可的人员进入安装保安和监视设备和系统及其控制和照明系统的处所?				
	船上是否有防止未经许可的人员进入通风和空调系统以及其他类似处所的措施?				
	船上是否有防止未经许可的人员进入通往饮用水舱、泵舱或总管等处所的措施?				
	船上是否有防止未经许可的人员进入放置危险货物或有害物质的处所的措施?				
	船上是否有防止未经许可的人员?				
	进入放置货油泵及其控制设备的处所的措施?				
	船上是否有防止未经许可的人员进入货舱和存放船舶物料的处所的措施?				
	船上是否有防止未经许可的人员进入船员舱室的措施?				
	船上是否有措施能够防止未经许可的人员进入CSO通过SSA确定的、为确保船舶安全而必须限制进入的任何其他区域?				

（续表）

序号	保安措施	是	否	观察结果	采取对应措施
	作为对船舶进行搜查的一部分，是否对限制区域进行了搜查？				
	船上钥匙的管理是否符合计划的规定？				
	全船的门锁、封条是否处于完好状态？				
3.货物操作					
	在货物操作之前及其过程中，对货物、货物运输工具和货物放置地点是否进行了适当的检查？				
	记录是否能证明货物控制程序已得到遵守？				
	货物操作是否在船上人员（SSO）的监督下进行？				
	危险货物或有害物质的操作是否符合程序？ 是否有记载船上承运的所有危险货物或有害物质的最新清单？				
	所有检查是否能确保装载的货物与货物单证相符？				
	是否能确保船舶通过与港口设施联系，在装船前对即将装载于汽车载运船、滚装船和客船上的车辆按照SSP规定的频次进行搜查？				
	是否采用封条或其他手段来防止货物损坏？				
	对货物是否采取了目测检查或实际检查？				
	是否使用扫描或探测设备、机械装置或警犬进行检查？				
4.船舶物料					
	是否按有关程序对船舶物料的交付进行监督（为防止监督之外的接收）？				
	是否按程序防止订购之外的任何接收？				
	记录是否能证明程序（船舶物料控制）已得到遵守？				
	是否对船舶物料及其包装的完整作了检查？				
	在物料装船前已检查其与订购数量是否相符？				
	是否确保了船舶物料的立即安全装载？				
5.无人照管的行李					
	是否按程序规定控制搬运以及存放无人照管的行李？				
	是否能证明遵守了以上程序？				
	对所有无人照管的行李在其装船前是否进行了适当的检查（100%）和搜查（由港口或船舶）？				
	是否有与港口设施方进行密切合作以确保无人照管的行李经检查后安全搬运的程序和方法？				
	船舶是否拒绝接受过无人照管的行李装船？				

(续表)

序号	保安措施	是	否	观察结果	采取对应措施
6.监控船舶保安状况					
	是否进行检验、测试、校准和维护的程序?				
	是否对限制区域进行了监控?(参见第2项)				
	是否对甲板区域进行了监控?				
	是否对周围区域进行了监控?				
	保安通信设备是否便于使用?				
	保安信息是否便于船上查阅?				
	船上安装的保安设备是否经过维护,工作正常且方便使用?				
	在进行船/港界面活动、靠泊或抛锚时,船舶甲板和通道口能否始终保持照明?				
	在航行中,船舶是否使用了符合安全航海要求的最大照明?(考虑到1972年COLREGS规则的相关条款)				
	照明是否充足以确保船上人员能够察觉船舶以外包括靠岸一侧和靠水一侧)的活动?				
	照明范围是否覆盖船上和船舶周围的区域?				
	照明范围是否便于在通道口检查进入船舶的人员?				
	是否与港口设施协调提供照明?				
7.保安等级2、3					
	本船是否发生过保安等级的提升?				
	船上是否按照计划的要求对保安等级的变更进行了响应?				
	是否按照计划的要求采取了响应的保安措施?				
其他					
	保安警报系统能否正常工作?(向岸上传送信息时在船上不启动警报系统)				
	船上是否有至少两个地点能启动警报系统(在驾驶台和至少一个其他地点)?				
	是否保护警报系统不被无意开启?				
	是否有船舶保安警报系统的使用程序?				
	是否已确定启动警报系统的地点?(必须记入限制/保密文件中)				
	AIS是否在任何时候都能正常运作?				

参考文献

[1] 张晓. 船舶保安培训教程. 北京:人民交通出版社,2003

[2] 中国船级社船舶保安计划编制指南. 北京:人民交通出版社,2004

[3] 中国船级社船舶保安体系认证规范. 北京:人民交通出版社,2004

[4] 赵盟."浮动国土"上的忠诚卫士. 中国远洋航务,2010(7)

[5] 中远安全. 2012(2)

[6] Best Management Practices to Deter Piracy off the Coast of Somalia and in the Arabian Sea Area(BMP4)

[7] www.imo.org

[8] www.icc-ccs.org